PAN,
DE LA MASA A LA MESA

Xavier Barriga

PAN, DE LA MASA A LA MESA

Recetas y consejos para crear panes deliciosos

Fotografías de Carlos Garralaga

Grijalbo

Papel certificado por el Forest Stewardship Council®

Primera edición: septiembre de 2025

Printed in Spain — Impreso en España

ISBN: 978-84-253-6864-6
Depósito legal: B-12.100-2025

Maquetación: Roser Colomer
Impreso en Gráficas Estella, S.L.
Navarra

GR 6 8 6 4 6

A mí mismo.
Por todo el esfuerzo. Por los sacrificios. Por todos los años.
Con todo el cariño y estima

Agradecimientos

En primer lugar, a la editorial, y muy especialmente a mi editora, Teresa Petit, por su perseverancia e insistencia para que volviera, después de unos años sin publicar ningún libro, a escribir uno nuevo sobre mi gran pasión: el pan.

A Ana Roca, por su comprensión, por su apoyo incondicional y por sus sabios consejos, que le hacen ver a uno que siempre hay que saber escuchar a quien sabe qué decir y lo hace con esa pasión y esas ganas.

Índice

Introducción.
Qué queremos explicar en este libro

Ya sabemos que existen muchos libros en el mercado sobre cómo hacer pan en casa, yo mismo he tenido el placer de escribir unos cuantos, pero queremos que este que tienes ahora mismo entre las manos sea especial.

Nuestra intención es que resulte un libro fácil, que tengas éxito en tus recetas desde el primer día y que, sobre todo, te lo pases muy bien elaborando los panes que encontrarás en él. También queremos que te conviertas en el rey o en la reina de la casa cuando tus invitados, familiares o quien tenga el placer de probar tus panes los vea y, sobre todo, los pruebe.

En el capítulo referente al proceso de **elaboración del pan** (pp. 16-39) tienes una explicación pormenorizada de los pasos o fases del proceso (amasado, reposo, fermentación, etc.).

Verás que al principio igual tienes que volver a leer algún paso, pero cuando ya lleves elaboradas dos o tres recetas, todo será muy rápido y ágil, y seguirás las indicaciones con un simple abrir y cerrar de ojos.

En cuanto a **los ingredientes**, también verás que son simples, fáciles de encontrar en cualquier supermercado y de precios muy razonables. Aquí siempre puedes «jugar» con la imaginación y cambiar ingredientes a tu gusto. Las recetas también están pensadas para que puedas innovar con algunos ingredientes (verás que cada receta tiene su pequeño apartado de ideas finales; utilízalo y tendrás tres o cuatro recetas en una).

En este libro encontrarás también un apartado que habla de **la conservación del pan**, que creemos que puede ser muy interesante para ti. En él te explicamos cómo alargar la vida de tu pan fresco.

En cada receta te detallamos cuántas piezas vas a obtener y de qué peso (todas parten de 500 gramos de harina) y, como entendemos que quizá no vas a consumir todo el pan que obtengas, es importante saber cómo conservar el que no vas a consumir en el mismo día.

Hablaremos de la conservación a temperatura ambiente, de la precocción, de la congelación y también de la regeneración del pan después de la congelación, un paso muy importante al que no siempre damos la atención que se merece. Todo está encaminado a que puedas disfrutar de pan fresco, jugoso y apetecible cada día a partir de una sola receta.

Cuando empieces a descubrir las recetas, tal vez te sorprenda ver que en ninguna de ellas hemos pensado en la masa madre como ingrediente. Es así: en este libro todas las elaboraciones se harán con levadura de panadería fresca (puede ser seca, pero te recomendamos fresca porque es más fácil de dosificar en cantidades pequeñas).

Los motivos son sobre todo dos. El primero es que, como hemos dicho al inicio de esta introducción, la simplicidad de las recetas es un aspecto básico, y trabajar con masa madre conlleva refrescos, fermentaciones y reposos en nevera para mantener «con vida y en buen estado de salud» tu masa madre. Pensamos que esta dificultad escapa a los objetivos de este libro.

No ponemos en duda los beneficios de la masa madre para obtener un pan de calidad, tanto a nivel organoléptico como nutricional, pero tampoco queremos demonizar la levadura (siempre que se utilice en poca cantidad) y pensar que todos los panes elaborados solo con levadura (sin masa madre) no pueden ser de calidad, sanos, esponjosos ni tener una buena conservación y digestibilidad.

El manejo de la masa madre en casa no es tarea sencilla y su calidad repercutirá directamente sobre la calidad de los panes obtenidos. Si la masa madre no está en su punto óptimo (fermentación, acidez, pH, temperatura, consistencia), las posibilidades de conseguir un buen pan, aun contando con la mejor harina y llevando a cabo el mejor proceso, se reducen drásticamente. Con levadura fresca en buen estado y bien dosificada aseguramos una uniformidad muy alta y constante en la fermentación.

La levadura fresca tiene una buena conservación (en la nevera y siempre perfectamente tapada), es muy económica, su utilización no requiere pasos previos y nos permite, si queremos, elaborar pan el día que nos apetezca, sin el paso previo que supone un «refresco», como sí ocurre con la masa madre.

Dicho todo esto, también queremos apuntar que podemos elaborar todas las recetas del libro sustituyendo la levadura indicada por una cantidad apropiada de masa madre. Esta cantidad variará en función del estado de la propia masa madre y de los tiempos de fermentación que queramos dar a nuestra masa.

Hemos confeccionado un **índice de recetas** para que elabores una gran variedad de panes, de todos los sabores, formas, texturas y acabados diferentes, y con un pequeño apartado de ideas en cada receta para que todavía puedas sacarles más provecho.

Empezamos por los panes clásicos y acabamos divirtiéndonos elaborando grisines al gusto, con multitud de posibilidades diferentes de acabado.

Tocaremos panes (un poco) dulces, panes de molde, otros muy integrales, otros hojaldrados, también a la plancha y un largo etcétera, sin olvidarnos de los panes sin gluten para los celíacos de la casa.

A partir de aquí se trata de empezar a «trabajar», siempre con la premisa de que hacer pan en casa tiene que ser divertido, ágil y muy enriquecedor, tanto para ti, que vas a elaborar los panes, como para los tuyos, que los van a disfrutar muchísimo.

¿Empezamos?

¡Salud, alegría y buenos panes!

Entramos en materia
Selección de ingredientes

En este capítulo vamos a repasar brevemente los ingredientes más importantes que vas a necesitar para hacer pan. Piensa que no son ingredientes complicados, caros, ni difíciles de encontrar, lo que facilita mucho el trabajo.

HARINA

Para elaborar masas de bollería a las que se añade mantequilla, azúcar y huevos. Debes usarla sobre todo cuando hagas brioches y otras masas similares.

La harina más utilizada para elaborar pan es la harina de trigo; dentro de esta, diferenciaremos claramente cuatro variedades:

- Harina integral
- Harina panificable
- Harina de fuerza
- Harina de trigo floja

Para ciertos panes del libro también utilizaremos otras harinas diferentes a la de trigo: harinas de centeno, de espelta, de arroz o de sarraceno; principalmente (estas dos últimas las utilizaremos para elaborar panes sin gluten).

QUÉ ES EL GLUTEN

La proteína insoluble de la harina de trigo es la responsable, junto con el agua del amasado (o cualquier otro líquido) y la energía que imprimimos en este proceso, de la formación del **gluten**.

Harina (proteína insoluble) + agua + energía = gluten

El **gluten**, que se forma durante el amasado, los reposos y los pliegues de la masa, **es una malla tridimensional** que se encarga de atrapar los gases, básicamente anhídrido carbónico, formados por la levadura durante la fermentación de la masa.

Este anhídrido carbónico en forma de burbujas que quieren expandirse y que «empujan» la masa hacia todos los lados queda atrapado por el gluten que se forma durante el amasado y provoca la expansión de la masa, lo que a efectos prácticos llamamos «subida de la masa».

Sin un buen amasado, o lo que es lo mismo, sin una buena formación de gluten, no es posible que la masa se hinche (o se hincha muy poco), ya que durante la fermentación, y aunque tú no lo veas, los gases se escapan entre la malla de gluten.

Una masa que no se hincha correctamente produce unos panes pesados, sin volumen, con una corteza que tiende a ablandarse muy rápido y con unas migas apretadas, húmedas y que dan la sensación de que no están lo bastante cocidas.

Los panes quedan planos y feos, sin buen aspecto, nada apetecibles. La sensación de frustración al sacar estos panes del horno es alta.

HARINA INTEGRAL

Es la que se obtiene después de la molturación del grano de trigo completo. Tiene un color ligeramente marrón, debido al salvado que contiene, y es la harina con mayor aporte de fibra y minerales.

Por el contrario, los panes elaborados únicamente con esta harina integral tendrán algo menos de volumen, la miga será más compacta y densa, y el sabor será más fuerte, a tierra incluso.

En el caso de que quieras hacer tu propia harina integral, puedes añadir salvado, unos 100-120 gramos por cada kilo de harina, y germen, unos 8-10 gramos por cada kilo de harina blanca. Si añades salvado a la harina, nuestra recomendación es que primero lo hidrates durante unas 3 horas en agua fría.

También puedes añadir semillas, enteras o trituradas en polvo, a la harina blanca.

Te aconsejo que pruebes con semillas tostadas y trituradas, como el sésamo, el lino o el mijo; verás qué variedad de sabores tan maravillosa.

Con estas técnicas no solo conseguirás tener una gran pluralidad de harinas «elaboradas» a tu gusto, sino que obtendrás panes más ricos, variados y originales, y de mayor aporte nutricional, sobre todo en lo que respecta a la fibra vegetal y las vitaminas.

Como siempre decimos, encuentra el equilibrio entre consumir panes integrales y panes menos integrales o elaborados con harina blanca. ¡En la variedad está el gusto!

APUNTE SOBRE EL GRANO DE TRIGO

Recordemos que el grano de trigo se compone de tres partes muy bien diferenciadas: el **salvado**, que es la capa externa donde se concentra prácticamente toda la fibra del cereal; el **germen**, que es la parte (muy pequeña) en la que se reúne la mayor parte de los nutrientes de la harina, básicamente vitaminas y ácidos grasos, y el **endospermo**, la parte más grande del grano de trigo, compuesta básicamente de almidón y proteínas, y de donde se obtiene la harina blanca.

LA HARINA PANIFICABLE

Es la que utilizaremos para la mayoría de los panes del libro. Debes intentar comprarla de la máxima calidad posible. Calidad no significa fuerza; por tanto, la harina de fuerza no es una harina de más calidad que una harina panificable. Nuestro consejo es que compres la harina en una panadería (en la que se haga pan) si no tienes claro el tipo de harina que hay en el supermercado.

Como orientación, la harina panificable contiene aproximadamente entre un 10 y un 11 por ciento de proteínas.

HARINA DE FUERZA

Es la que tiene mayor cantidad de proteínas, por lo tanto, es la que, una vez amasada, más cantidad de gluten aportará.

Utilizaremos la harina de fuerza para elaborar panes con mucha hidratación (mucha agua en el amasado), por ejemplo, entre 700 y 900 gramos de agua por cada kilo de harina de fuerza.

También la emplearemos para elaborar masas enriquecidas, aquellas en las que añadimos azúcar o grasas como la mantequilla o los huevos. Un claro ejemplo de estas masas enriquecidas es el brioche, en casi cualquiera de sus especialidades.

Como orientación, la harina de fuerza contiene entre un 12 y un 14 por ciento de proteínas.

LA HARINA DE TRIGO FLOJA

Es la que utilizaremos básicamente para elaborar todos aquellos productos o elaboraciones que NO fermentan; nos referimos a bizcochos, magdalenas y galletas, básicamente.

Usaremos la harina de trigo floja solo en las recetas en las que necesitemos una gran extensibilidad de la masa para conseguir un buen amasado (una buena extensibilidad es la capacidad que tiene una masa para dejarse estirar sin retroceder) y una corteza fina y crujiente a la vez.

Con la harina de trigo floja el amasado es más rápido y fácil, pero los panes que se obtienen cuentan con menos volumen y tienden a quedar más planos. Los panaderos, en estos casos, decimos que el pan «no tiene fuerza».

Otro dato importante es que con harina floja debes incorporar menos agua durante el amasado.

Como orientación, la cantidad de proteína de la harina floja oscila entre un 8 y un 9 por ciento.

AGUA

Puedes utilizarla del grifo (si es buena para beber y no tiene sabores raros) o embotellada, mejor a temperatura ambiente, aunque, si el espacio en el que haces el pan se encuentra a temperaturas altas (en verano, por ejemplo), puedes usarla de la nevera.

Con un agua fría, el amasado siempre será más rápido, aunque tendrás que compensar la temperatura baja con más pliegues, ya que resultará una masa muy débil.

Con el agua caliente, la masa tendrá más fuerza, pero el amasado será complicado.

SAL

Puedes utilizar la sal del supermercado o una sal ecológica y sin refinar del Atlántico o de cualquier otro lugar del mundo. Nuestro consejo es, únicamente, que sea sal fina, para asegurarte de que se disuelve bien. En caso de utilizar sal gruesa, disuélvela en agua con bastante tiempo de antelación.

LEVADURA

Valen tanto la del supermercado como la de la panadería. Todas las recetas de este libro están pensadas para que uses levadura fresca de panadería. Es fácil de encontrar, es barata y se conserva muy bien (siempre tapada y guardada en la nevera).

Si quieres utilizar levadura seca (el Royal no es levadura seca, es un gasificante), debes dosificar a una tercera parte de lo que indicamos en la receta: 3 gramos de levadura seca equivalen a 10 gramos de levadura fresca.

OTROS INGREDIENTES

Irás necesitándolos a medida que elabores las recetas del libro. Son, sobre todo, ingredientes fáciles de comprar y con los que estás muy habituado a trabajar en la cocina. Aceite de oliva, mantequilla, azúcar, aceitunas, frutos secos, semillas, etc.

Utensilios imprescindibles

Tampoco aquí te lo vamos a poner difícil; en este breve capítulo haremos un repaso rápido de los utensilios realmente imprescindibles, que te van a ayudar mucho para elaborar todos los panes propuestos.

1 **Un bol grande**, redondo, de plástico duro y ovalado en la parte inferior (uno grande para ensaladas es perfecto). Lo vas a necesitar para amasar; mejor si tienes más de uno y de diferentes tamaños.

2 **Un corte de plástico o rasqueta.** La puedes comprar o hacerla tú mismo con cualquier tapa de un plástico un pelín duro. **Una espátula con la punta flexible** también puede ejercer la misma función.

3 **Una balanza digital.** Este elemento sí que es del todo imprescindible si quieres conseguir que tus elaboraciones salgan siempre bien. Son baratas y muy fiables.

4 **Un termómetro de masas** (mejor si es digital); no es del todo imprescindible, pero aprenderás a qué temperatura tienes que poner el agua para conseguir masas entre 21 y 25 °C. La temperatura final de la masa dependerá en gran medida de la temperatura del agua del amasado. Pincha el termómetro en la masa cuando creas que está completamente amasada e intenta que marque entre 22 y 25 °C.

5 **Buenos trapos de cocina** para que los panes fermenten. Los ideales son los de lino, pero los de casa, bien espolvoreados con una mezcla de harina de trigo y de arroz, te irán igualmente bien para que la

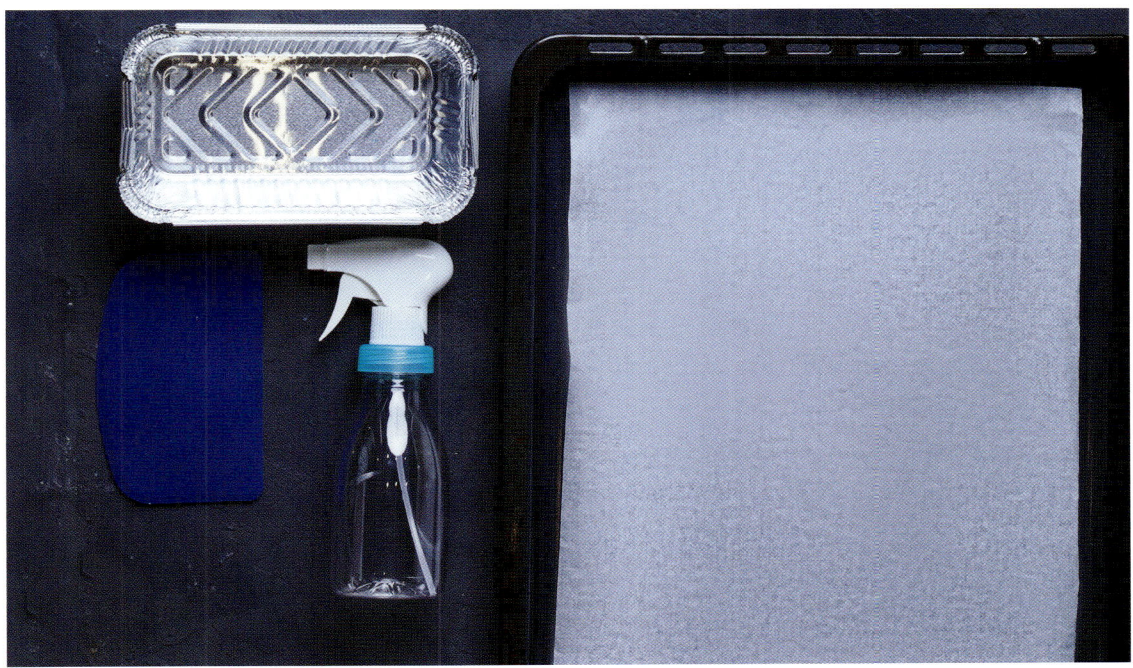

masa no se pegue durante la fermentación. También tendrás que utilizarlos para tapar las masas si hay corrientes de aire en la cocina.

6 **Táperes planos y rectangulares** para dejar las masas reposando toda la noche en la nevera. Si tienen tapa y son de varios tamaños, mucho mejor. Siempre es buen contar con alguno bastante grande.

7 **Un colador fino** para espolvorear con harina los panes en que lo indique la receta o en los que tú prefieras. Esta acción la haremos siempre antes de meter el pan en el horno y sin ponerle demasiada cantidad encima, la justa para que se forme una fina capa.

8 **Un cuchillo de sierra o uno liso bien afilado**, un cúter que solo uses para cortar el pan o una cuchilla de panadero, que hoy día ya son relativamente fáciles de encontrar en tiendas un poco especializadas en utensilios de cocina. Lo necesitarás para cortar el pan antes de meterlo en el horno.

9 **Papel sulfurizado** de horno o **papel de cocción.** Lo venden en cualquier súper y es muy útil para no ensuciar excesivamente las bandejas del horno. También evita que el pan se pegue a las bandejas.

10 **Varias bandejas de horno con bordes** para que puedas generar vapor en ellas al inicio del horneado y para hornear tus panes como tal. En el capítulo del horneado te explicamos cómo usarlas.

11 **Un rodillo** para poder hacer los panes hojaldrados. No lo compres demasiado pequeño.

12 **Moldes de aluminio** de un solo uso, de acero inoxidable o de silicona (los más modernos, los más prácticos y los más caros). Te van a ayudar mucho a conseguir panes del mismo formato. La variedad de tamaños y formas es muy amplia. Mejor adquirirlos en una tienda especializada.

13 **Un pulverizador** para poder mojar con agua las masas si se secan durante la fermentación. Este punto es clave para conseguir que el pan tenga un buen volumen final.

Proceso de elaboración: los pasos importantes

Antes de estudiar con detenimiento cada paso del proceso, conviene que veamos un ejemplo práctico y rápido para hacer en casa.

1. Empezamos a amasar (por ejemplo) a las 18 horas.
2. Contando los tiempos de reposo de la masa entre cada fase de pliegues, acabamos de amasar a las 20 horas.
3. Dejamos la masa reposar a temperatura ambiente 1 hora más, hasta las 21 horas.
4. Dividimos la masa y formamos el pan siguiendo las indicaciones de la receta.
5. Dejamos en la nevera, hasta el día siguiente, la bandeja con los panes ya formados. Son las 21.30 h, aproximadamente.
6. Al día siguiente, a la hora que más nos convenga (entre las 7 y las 14), pasamos directamente el pan de la nevera al horno. Si tu nevera está muy fría, es posible que no haya fermentado del todo; en este caso, debes dejarlo un par de horas a temperatura ambiente antes de meterlo en el horno.
7. Si lo horneamos sobre las 7 de la mañana, tendremos el pan listo para el desayuno; si lo hacemos después de desayunar, estará para la comida del mediodía.

Como se puede ver, el proceso completo desde el inicio del amasado hasta que tenemos el pan ya formado en la nevera supone unas 3 horas y media. De ese tiempo, solo un máximo de 30 minutos es el tiempo real de trabajo, el resto son horas de reposo de la masa entre fases de pliegues.

Este ejemplo y este sistema están pensados para que no te estreses mientras haces pan y para que las fermentaciones sean largas y puedas obtener panes ricos y saludables sin tener que correr ni estar todo el día pendiente de las masas.

Fase de amasado

Sin duda, es la más importante de todo el proceso de hacer pan, tanto si lo elaboras en casa como si es a nivel profesional.

Un buen pan sale de un buen amasado, esta es una máxima que no suele fallar, pero no te asustes, es más sencillo de lo que pueda parecer, sobre todo si respetas los tiempos de «descanso» de la masa. Puedes aprovecharlos para descansar tú también o para hacer las mil tareas que todos tenemos pendientes en casa.

Lo primero que vamos a ver es cuándo es el mejor momento del día para empezar a amasar. Nuestro consejo es que lo hagas antes de preparar la cena, a eso de las 20 horas de la tarde/noche. Es una buena manera de dar esos descansos necesarios a la masa. Lógicamente, puedes amasar a la hora que prefieras, pero, de esta manera, cuando acabes el amasado y el posterior formado del pan podrás dejar la masa fermentando despacio en la nevera durante toda la noche, mientras tú duermes. Esta fermentación larga y lenta es muy importante para obtener un pan de calidad.

La idea principal sobre el amasado es que sea muy poco activo por tu parte. Buena parte del amasado va a hacerse solo, con unos tiempos y temperaturas bien definidos, que es crucial que respetes con «pa-ciencia». No respetar los tiempos de reposo entre las fases de amasado que te explicamos a continuación va a impedir que el gluten de la masa se relaje y pueda desarrollarse con facilidad.

Te voy a poner un ejemplo de lo que puede parecerse mucho a un amasado. Seguro que ya lo has hecho alguna vez.

Abres un paquete de chicles y te pones 2 o 3 en la boca. Empiezas a masticar y, al cabo de 20 o 30 segundos, intentas formar un globo. Verás que es imposible, no hay elasticidad ni extensibilidad.

Sigues masticando ese chicle y cada vez es más liso y elástico. A los 5 o 6 minutos ya es posible inflar ese globo perfecto. Si sigues masticando el chicle durante 2 horas (seguramente nunca lo has hecho durante tanto tiempo) e intentas hacer un globo, verás que las paredes son tan finas y el chicle está tan extensible que te será casi imposible, el globo se romperá casi al instante.

Pues bien, esto es lo que ocurre con una masa de pan: tu saliva es el agua del amasado. Tus mandíbulas son la amasadora, el propio chicle es el gluten (o la masa de pan) y el aire que insuflas al globo de chicle es el anhídrido carbónico que genera la levadura durante la fermentación. Piénsalo bien, solo hay 3 o 4 minutos durante los que el chicle está perfectamente «amasado» para formar un globo perfecto.

Lo mismo le ocurre a una masa de pan, salvando las distancias, lógicamente. Sin un buen amasado no hay buena retención de los gases generados por la levadura ni una correcta expansión de la masa (el globo del chicle).

LOS DOS PASOS ACTIVOS DEL AMASADO. PRIMER PASO

Se trata de mezclar los ingredientes base de la receta (harina, agua, sal y levadura). Técnicamente, esta fase recibe el nombre de «fresado».

Para empezar con el fresado debes hacer lo siguiente:

1. Pon en el bol redondo (mira el listado de utensilios necesarios) la harina de la receta (normalmente 500 gramos). Si la receta contiene más de una harina, debes ponerlas juntas y removerlas ligeramente para mezclarlas.
2. En una jarra aparte, pesa (o mide) el agua de la receta, utilizando agua a temperatura ambiente, y mezcla en ella la sal y la levadura. Remueve un poco con una cuchara hasta que se disuelvan bien en el agua.
3. Vierte casi toda el agua sobre la harina, reserva solo un 10 por ciento. Esto lo hacemos porque, si la harina es más floja de lo que pensamos (tiene menos proteína), no absorberá toda el agua de la receta y te quedará una masa muy blanda.
4. Si eres diestro, sujeta el bol con la mano izquierda y remueve (sin miramientos) con la mano derecha la mezcla de agua (con sal y levadura disueltas) y harina. Si prefieres no ensuciarte las manos, puedes hacerlo con una cuchara de madera, aunque mi recomendación es que lo hagas con la mano; es una experiencia muy agradable. Debes remover hasta que desaparezcan el agua y la harina, y la mezcla se transforme en una masa llena de grumos, pegajosa y con no muy buen aspecto. No te preocupes, vamos bien.
5. Sigue removiendo hasta que los grumos vayan desapareciendo y sean un poco más pequeños.
6. Salvo que creas que la masa está demasiado blanda, acaba de añadir el agua restante mientras remueves un poco más, intentando que la masa tenga los menores grumos posibles.
7. Esta acción puede llevarte no más de 2-3 minutos en total.
8. Pasado este tiempo, mójate las manos en agua y límpiate la mano con la que has amasado (sobre todo la palma y entre los dedos) con una rasqueta; con la otra mano, también mojada en agua, añade a la masa esos pequeños trozos que se desprenden de tus manos.
9. Para lavarte por completo las manos (ahora las dos estarán ligeramente «sucias»), coge un puñado de harina y friega enérgicamente las manos con ella hasta que desaparezcan los trozos restantes. Después de esto, puedes enjuagarte las manos con un poco de agua y secártelas. ¿A que te han quedado perfectamente limpias?
10. Ahora cubre el bol con un paño y deja que repose 30 minutos a temperatura ambiente. La fase de fresado ha terminado.

En este momento empieza una fase de las llamadas no activas; tú no tienes que hacer nada, tan solo controlar el tiempo, porque dentro de entre 30 y 45 minutos debes empezar a amasar.

¿POR QUÉ HACEMOS EL REPOSO DE LA MASA A TEMPERATURA AMBIENTE DURANTE LAS FASES DE AMASADO?

Para favorecer la fermentación y, de esta manera, la formación de gluten, lo que facilitará el amasado.

SEGUNDO PASO: EL AMASADO

1. Pasado el tiempo de reposo de la masa a temperatura ambiente, mójate las manos con agua y haz lo mismo con la rasqueta de plástico; luego vuelca la masa sobre una superficie lisa (mármol, acero inoxidable, madera) y limpia. Para que la masa no se pegue, puedes pintar con unas gotas de aceite la superficie en la que vas a trabajarla.
2. Ahora, mentalmente, imagina la masa como si fuera un reloj e identifica las 12, las 3, las 6 y las 9.

3. Con las manos un poco mojadas con agua, extiende ligeramente la masa sobre la mesa de trabajo y pliega la parte que representa las 12 sobre el centro; después, la parte que representa las 6 también sobre el centro; después, las 3, y, por último, la de las 9.
4. Cuando hagas estos pliegues, intenta imprimir un poco de fuerza a la masa.
5. Dale la vuelta a la masa de manera que la parte de los pliegues quede hacia arriba.

6. Repite esta operación de plegado de la masa una segunda vez.
7. Ya habrás hecho tus primeros pliegues a la masa. Ahora, dale la vuelta a toda la masa para que la parte «fea» (donde han ido a parar los pliegues) quede abajo, y pon la masa de nuevo en el interior de un bol ligeramente aceitado. Cuando recojas la masa, apriétala un poco sobre la mesa para imprimirle fuerza.
8. Cubre la masa con el mismo paño con el que la tapaste antes y deja que repose de nuevo a temperatura ambiente durante 30 minutos.
9. Según indique la receta, repite entre cuatro y seis veces más esta operación de 2 pliegues y reposo de 30 minutos a temperatura ambiente, y ya tendrás tu masa amasada, lista para la siguiente fase, la del reposo en bloque.
10. Comprobar que la masa está correctamente amasada es importante para decidir si le falta un pliegue más o no. Aquí la experiencia desempeñará un papel muy importante.
11. Una masa perfectamente amasada estará lisa, sin grumos, tendrá buen aspecto, será un poco brillante, no se pegará (en exceso) a tus manos ni a la mesa. Si cortas un trozo pequeño y lo estiras con los dedos, debes conseguir una lámina de masa fina, casi casi transparente y que, cuando se rompa, lo haga con círculos perfectos de paredes muy lisas (sin «dientes»), igual que se rompería un globo de chicle cuando haces «el globo perfecto».

CUADRO RESUMEN DEL AMASADO

mezcla de harina, agua, sal y levadura (2 minutos)

reposo a temperatura ambiente 30 minutos

2 pliegues «con el sistema del reloj» (2 minutos)

reposo a temperatura ambiente 30 minutos

2 pliegues «con el sistema del reloj» (2 minutos)

reposo a temperatura ambiente 30 minutos

2 pliegues «con el sistema del reloj» (2 minutos)

reposo a temperatura ambiente 30 minutos

2 pliegues «con el sistema del reloj» (2 minutos)

reposo a temperatura ambiente 30 minutos

Total tiempo activo: 10-12 minutos

Total tiempo no activo (reposos): 2 horas 30 minutos

Total horas del proceso: 2 horas 40 minutos

¿CÓMO INCORPORAR NUECES U OTROS INGREDIENTES A LA MASA DURANTE EL AMASADO?

Antes de practicarle los dos últimos pliegues a la masa, vuélcala sobre la mesa de trabajo ligeramente aceitada y aplánala un poco con las manos (recuerda que, si las mojas en agua, es mucho mejor). Esparce el ingrediente que quieras añadir sobre la masa (frutos secos troceados, semillas, embutidos, quesos...) y haz un pliegue convencional a la masa (recuerda la técnica del reloj). Cuando ya lo hayas hecho, con la rasqueta de plástico corta la masa (con el ingrediente ya dentro) en 4 o 5 porciones, sepáralas y vuelve a unirlas. Une toda la masa otra vez realizando un nuevo pliegue tipo reloj y deja que repose en el bol, cubierta con plástico, durante 30 minutos.

Pasado este tiempo, haz un último pliegue convencional a la masa y ya estará lista, con el ingrediente que hayas querido incorporar perfectamente integrado.

¿Qué puede salir mal durante el amasado?

PROBLEMA: LA MASA SE DESGARRA CUANDO HAGO LOS PLIEGUES

POSIBLES CAUSAS

1. **La masa está muy dura**. Incorpora un poco de agua fría y ve cohesionándola mientras aprietas la masa y el agua. No es la solución más sencilla, pero es la única que te permite rectificar una masa dura.
2. **Poco tiempo de reposo entre pliegue y pliegue**. Ten «pa-ciencia» y espera 30 minutos entre cada pliegue, verás como ese reposo obra milagros en tu masa.
3. **Harina demasiado fuerte**. No te obsesiones en usar harinas fuertes, salvo que la receta te lo indique. Por lo general, con una harina panificable es más que suficiente (tu panadero de confianza seguro que te la vende).
4. **Temperatura del agua (y de la masa) muy alta**. En este caso, deja que la masa repose en la nevera y el próximo día amasa con agua un poco más fría.
5. **Demasiados pliegues**. Relájate; la mayoría de las veces, menos es más.
6. **Aplicas demasiada fuerza a la hora de hacer los pliegues**. Igual que en el caso anterior, relájate y no imprimas tanta fuerza a la hora de plegar, tan solo acompaña la masa (recuerda el símil del reloj).
7. **La masa fermenta mucho durante el reposo entre pliegues**. Déjala en la nevera o en el congelador durante 30 minutos y, la próxima vez, disminuye la cantidad de levadura o utiliza agua un poco fría.

PROBLEMA: LA MASA SE PEGA MUCHO A LAS MANOS Y A LA MESA DE TRABAJO

POSIBLES CAUSAS

1. **La masa está demasiado blanda**. Incorporaste mucha agua y ya la solución es complicada. Te tocará dar algún pliegue-reposo de más para que la masa tome cuerpo, aunque se mantenga blanda.
2. **A la masa le faltan pliegues**. Deja que repose a temperatura ambiente y hazle 1 o 2 pliegues más.
3. **Temperatura del agua (y de la masa) muy fría**. Deja que la masa repose fuera de la nevera entre pliegue y pliegue, para que tome temperatura.
4. **Tienes las manos secas**. Mójatelas en agua y pon unas gotas de aceite sobre la mesa de trabajo.
5. **La harina que utilizaste para amasar es muy floja**. La próxima vez que amases, mezcla la harina con una cuarta parte de harina de fuerza o bien utiliza una harina un poco más fuerte.

Fase de reposo

Una etapa importante para conseguir el «pan soñado», una de las fases más fundamentales para obtener un buen pan y, a la vez, la más «inactiva» de todo el proceso de hacer pan. Tú no tienes que hacer casi nada, solo controlar el tiempo y la temperatura a la que la masa reposa.

¿POR QUÉ ES TAN IMPORTANTE EL REPOSO?

Durante el reposo de la masa, siempre que sea largo y a la temperatura adecuada, se producen una serie de cambios fisicoquímicos producto de la fermentación, en la que se generan ciertos ácidos que son responsables, en gran parte, del sabor y el aroma final del pan.

A la vez, durante este reposo, el gluten de la masa madura de manera natural y adquiere una serie de cualidades que le aportan consistencia (lo que los panaderos llamamos «fuerza»). Estas tres cualidades principales son la extensibilidad, la elasticidad y la tenacidad. Sin ellas, el pan resultante sería un pan plano, sin volumen y con la miga apelmazada.

Determinar un tiempo ideal de reposo de la masa es imposible, porque depende de tres factores principales: la temperatura a la que la masa reposa, la cantidad de levadura y la temperatura de la propia masa. Pero, si estás leyendo estas líneas, no te asustes; al inicio del libro te hemos dicho que lo vamos a hacer fácil, y no queremos defraudarte.

El reposo como tal empieza después del amasado, aunque durante los reposos entre pliegues la masa ya reposa y, salvo que la receta indique lo contrario, siempre es fuera de la nevera durante un tiempo que oscila entre 1 y 2 horas. Ahí continúa la fermentación, y es importante que sea fuera de la nevera para que se active y tu masa continúe dando «signos de vida».

En función del tipo de masa y de las características que queramos que tenga el pan final, vamos a hacer un pliegue durante la fase de reposo. En todo caso, esto estará indicado en la receta, no te preocupes.

¿Qué puede salir mal durante el reposo?

PROBLEMA: LA MASA SUBE MUCHO Y COGE MUCHO VOLUMEN

POSIBLES CAUSAS

1. **La masa está muy caliente, por encima de 25 °C**. Déjala en la nevera o incluso en el congelador durante 30 minutos si observas que el proceso va demasiado rápido.
2. **Pusiste demasiada levadura**. Esto hará que la masa fermente excesivamente deprisa. Ajusta la cantidad la próxima vez y asegúrate siempre de pesar la levadura y el resto de los ingredientes. Frena la masa en el congelador durante media hora antes de formarla.
3. **El agua que utilizaste para amasar estaba demasiado templada o caliente**. Tenlo en cuenta la próxima vez y amasa con agua un poco más fría; de nuevo te aconsejo que frenes la masa en el congelador durante media hora antes de formar los panes.
4. **La temperatura ambiente es muy alta (hace mucho calor en tu cocina)**. En este caso, deja que la masa repose en la nevera durante 1 hora para que la velocidad de fermentación no sea tan alta.

PROBLEMA: LA MASA NO SUBE, NO REACCIONA NI SE MUEVE. NO FERMENTA

POSIBLES CAUSAS

1. **La masa está muy fría, por debajo de 20 °C**. Déjala reposar un par de horas en un lugar caliente y dale otro pliegue para que «despierte», verás cómo reacciona.
2. **Pusiste poca levadura**. Este problema tiene mala solución si ya has acabado el amasado. Tan solo te queda poner la masa en un lugar cálido y esperar a que se empiece a mover. Si hay levadura, aunque sea poca, la masa siempre fermenta, aunque le cueste más tiempo.
3. **El agua que utilizaste para amasar estaba demasiado fría**. Deja que la masa repose en un lugar cálido y tenlo en cuenta para la próxima vez. Seguramente te tocará hacer algún pliegue más a la masa para que recupere fuerza y vigor.
4. **En tu cocina hace mucho frío**. Deja que la masa repose en un lugar cálido, como por ejemplo el horno cerrado. Si, con todo, la masa sigue sin moverse, puedes encender el horno un par de minutos para que coja un poco de temperatura ambiente (entre 25 y 28 °C es ideal).

PROBLEMA: LA MASA CREA PIEL DURANTE EL REPOSO

POSIBLES CAUSAS

1. **Seguramente está expuesta a corrientes de aire**. Pulveriza agua por encima y tápala con un paño.
2. **La masa está muy caliente**. Déjala en la nevera, pero siempre pulverizada con agua y cubierta con un paño. Si tiene mucha corteza, puedes taparla a piel (con film transparente que toque directamente la masa).
3. **La masa está muy dura**. La próxima vez que amases, procura regular la consistencia de la masa durante la fase del fresado; te evitará muchos problemas en los pasos siguientes. Pulveriza agua por encima y tápala con un paño.

Fase de división y formado

Después del amasado, tu masa ha reposado 1 hora a temperatura ambiente. Ha llegado el esperado momento de dividir la masa.

DIVISIÓN

Para dividir la masa, vuélcala sobre la mesa de trabajo ligeramente enharinada o aceitada; las dos opciones son válidas. Ayúdate de la rasqueta de plástico para que no queden trozos de masa pegados en el bol.

Sigue las indicaciones de cada receta para saber cuánto tienen que pesar las porciones de masa.

Con una balanza de cocina al lado, ve cortando la masa y pesando porciones según el peso que indique la receta.

Cuando ya tengas la masa dividida, dale ligeramente la vuelta a cada porción y boléala con suavidad, como si hicieras un pliegue (recuerda las 12, las 6, las 3 y las 9 del reloj) sin apretarla demasiado. Deja las piezas sobre un trapo de cocina con un poco de harina por encima, para que reposen entre 10 y 5 minutos.

¿POR QUÉ HAY QUE DEJAR QUE LA MASA REPOSE ANTES DE FORMARLA?

Para que se relaje después del estrés sufrido durante la división y el boleado (aunque suave, siempre genera tensión). Gracias a esta relajación (de la masa y del gluten) podrás formarla perfectamente. Es un reposo que, de nuevo, hace milagros.

En esta fase de la división, no pongas excesiva harina o aceite encima de la mesa, tan solo el necesario para que la masa no se pegue.

¿Qué puede salir mal durante la división?

PROBLEMA: LA MASA SE DESGARRA

POSIBLES CAUSAS

1. **La masa está muy caliente, por encima de 25 °C**. Déjala en la nevera después de haberla boleado, verás como se relajará un poco y eso te permitirá formarla mejor después.
2. **Utiliza la rasqueta de plástico para cortarla**. Mójala en agua o píntala con un poco de aceite.
3. **La masa está seca**. Mójate ligeramente las manos con un poco de agua, esto siempre ayuda; si te acostumbras a hacerlo, verás que divides y boleas mucho mejor.

PROBLEMA: LA MASA ES MUY EXTENSIBLE, BLANDA Y NO TIENE CUERPO

POSIBLES CAUSAS

1. **La masa está muy fría, por debajo de 20 °C**. Hazle otro pliegue antes de empezar a dividirla y deja que repose de nuevo en un lugar cálido, para que adquiera cuerpo.
2. **La harina que utilizaste era demasiado floja**. La única solución es hacerle 1 o 2 pliegues más a la masa, apretando un poco más de lo habitual. La próxima vez utiliza una harina un poco más fuerte.
3. **La masa tiene pocos pliegues y el gluten no está bien formado.** Hazle 2 o 3 pliegues más tipo reloj para acabar de formar una buena red de gluten que permita una óptima retención gaseosa durante la fermentación.
4. **La masa está muy blanda**. Hazle otro pliegue y la próxima vez que amases tenlo en cuenta para no poner tanta agua.

FORMADO

Haremos el formado después de que las porciones de masa ya divididas según el peso indicado hayan reposado entre 10 y 15 minutos a temperatura ambiente. En algunos casos, el formado se hace justo después de la división de las piezas, sobre todo si no hay que bolearlas.

En esta fase también tienes que seguir las indicaciones de la receta, ya que el libro contiene muchas formas y acabados diferentes para los panes.

En todo caso, el formado es una de las fases que más pericia y destreza demandan, cualidades que vas a adquirir con la práctica y la repetición. A la vez, dar forma a los panes, ya sean barras, redondos, panecillos pequeños, etc., es una operación muy bonita y relajante, y también supone un reto personal al principio, cuando esa barra no acaba de quedar como la ves en la foto.

Formado de una barra

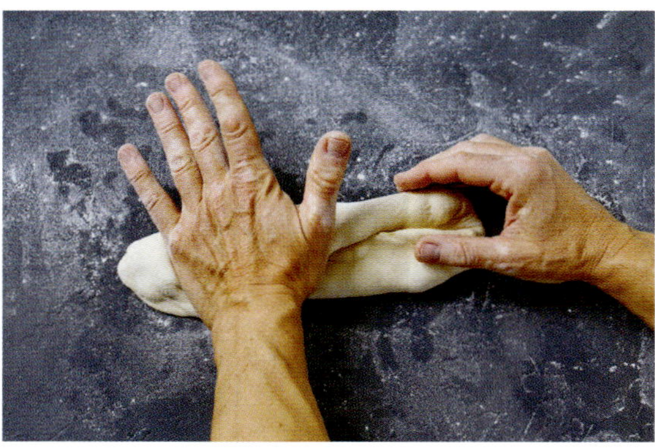

En este sencillo paso a paso puedes ver el proceso de formado de una barra y de una pieza redonda.

Sobre todo, no desesperes; lo más importante no es la belleza perfecta de ese pan, sino que acabas de elaborar un producto rico, sano y nutritivo para toda tu familia o amigos. Esta debe ser tu gran satisfacción, más allá de intentar conseguir la forma perfecta.

Formado de una pieza redonda

¿Qué puede salir mal durante el formado?

PROBLEMA: LA MASA SE DESGARRA AL FORMARLA

POSIBLES CAUSAS

1. **La masa está muy caliente, por encima de 25 °C**. Déjala en la nevera antes de formarla, para que se enfríe un poco y te resulte más fácil darle forma.
2. **Aprietas demasiado al formar**. Intenta ser más suave con los movimientos y, sobre todo, si ves que la masa se desgarra, aprieta, pero con suavidad.
3. **La masa está muy dura**. En esta fase del proceso ya no se puede hacer demasiado para corregir este defecto. En todo caso, no aprietes mucho al formar y la próxima vez que amases intenta que la masa quede más blanda y suave.
4. **La masa está muy fermentada.** Debes hacer como en el primer punto de este apartado y la próxima vez que amases pon menos levadura y haz las masas un poco más blandas, incorporando más agua en el amasado.
5. **Después de pesarla, la boleaste demasiado fuerte**. Este es un error muy común y que perjudica gravemente el formado. Debes bolear muy suave para que la masa, en el momento del formado y tras el reposo indicado, se deje dar forma con suavidad.
6. **Las bolas de masa han reposado poco después del boleado**. Toca tener paciencia y dejar un buen tiempo de reposo para que la masa se relaje. Con unos 15 minutos debe ser suficiente.
7. **La harina que utilizaste para amasar es demasiado fuerte**. La próxima vez puedes usar una harina más floja o bien sustituir una parte de la harina (si es muy fuerte) por una parte de harina floja; así compensarás la fuerza de una harina con la extensibilidad de la otra.
8. **Pusiste demasiada levadura en el amasado.** Deja tus masas en la nevera, o incluso en el congelador, durante 5-10 minutos (no deben llegar a congelarse) y la próxima vez usa menos levadura. Un buen consejo es utilizar una balanza para pesar la levadura y tener una orientación de qué suponen 5 gramos de levadura, por ejemplo.

Fase de fermentación

Una vez que ya tienes el pan formado, y en función de lo que indique la receta, es el turno de la fermentación final antes de introducir el pan en el horno.

Verás que hay recetas en las que este tiempo es mayor y otras en las que no existe, es decir, los panes van del reposo directamente al horno.

Debes leer meticulosamente la receta y seguir los pasos indicados en ella, aunque cuando hablamos de fermentación siempre nos referimos a tiempos muy orientativos, ya que hay numerosos factores que inciden en que la velocidad de fermentación sea más o menos rápida.

¿QUÉ OCURRE DURANTE LA FASE DE FERMENTACIÓN?

Ya sea en los reposos durante el amasado, en el de antes del formado o en la fermentación final (cuando el pan ya está formado), verás que ocurre lo siguiente:

Las levaduras (las del inicio del amasado) consumen directamente los azúcares presentes en la masa de manera natural (azúcares simples) y producen anhídrido carbónico y alcohol. El anhídrido carbónico, al quedar atrapado por los enlaces de gluten (los que se formaron durante el amasado, los reposos y los pliegues), hace que la masa se hinche y se expanda. Cuando visualmente la masa aumenta de volumen es porque la masa fermenta.

Si la velocidad de fermentación es lenta y el tiempo es largo, en paralelo a la formación de gas (anhídrido carbónico) se producen una serie de ácidos orgánicos y alcohol, que serán, en buena medida, los responsables de dar sabor al pan.

Cuando ya tengas el pan formado, con independencia de la forma, pon las piezas (barras, redondos, barritas, panecillos...) en una bandeja con un paño de algodón en la base (si es de lino, mucho mejor) espolvoreado previamente con una mezcla de harina de arroz y harina de trigo a partes iguales. También puedes usar una mezcla de harina normal de trigo y sémola fina de trigo duro. Recuerda cubrir los panes con un paño.

Pon la bandeja con el pan ya formado en la nevera hasta el día siguiente o un mínimo de 12 horas.

Como hemos visto, puedes dejar la fermentación toda la noche en la nevera si has amasado por la tarde. En caso de amasar a primera hora de la mañana, puedes dejar que el pan fermente en la nevera hasta la noche.

LOS TIEMPOS DE FERMENTACIÓN NUNCA SON EXACTOS

Aunque sigas los tiempos marcados en las recetas y todas las indicaciones respecto de la fermentación, esta nunca es exacta y depende de muchos factores; unos los dominas tú (cantidad de levadura, tiempo, temperatura del agua y de la masa) y otros no tanto (humedad ambiental, fuerza de la harina, temperatura ambiente). Tampoco todos los panes necesitan el mismo tiempo de fermentación, ya que depende también del tipo de masa, del formado que hayas hecho y del tamaño de los panes.

Debido a esta compleja unión de parámetros, la experiencia es siempre un grado a la hora de decidir si la fermentación ha terminado y es el momento de hornear el pan.

Es muy probable, que, en algunos casos, cuando saques el pan de la nevera, esté poco fermentado. Si esto ocurre, debes dejarlo 1 hora o más a temperatura ambiente, para que pierda frío y acabe de fermentar correctamente. Esto estará indicado en la explicación del proceso de la receta, pero la fermentación nunca es exacta y dependerá de lo que creas que es más conveniente en cada caso. Prueba, experimenta y aprende a decidir cuándo toca hornear el pan y cuándo hay que esperar todavía un poco más.

Nunca demasiado joven (poco fermentado) ni pasado de fermentación (excesivamente fermentado); esa es la clave y es ahí donde reside la dificultad principal a la hora de decidir si el pan está perfecto para entrar en el horno o no.

¿Qué puede salir mal durante la fermentación?

PROBLEMA: LOS PANES FORMADOS QUEDAN MUY PLANOS

POSIBLES CAUSAS

1. **La masa está muy fría, por debajo de 20-22 °C**. Vuelve a bolear los panes, deja que reposen y fórmalos de nuevo. Puede darte pereza repetir estas operaciones, pero es la única manera (llegados a este punto) de que tus panes cobren vida y fermenten un poco más redondos.
2. **Apretaste muy poco al formar las piezas**. Quizá te falta práctica para apretar más al formar el pan; es normal si todavía no lo has hecho demasiadas veces. Sigue practicando y verás como cada vez te salen mejor.
3. **La harina que utilizaste es demasiado floja**. Repite los pasos indicados en el primer punto antes de volver a formar el pan.
4. **Utilizaste poca levadura**. Debes poner en un lugar cálido la bandeja con los panes formados y dar más tiempo del que sería necesario. Recuerda que las masas necesitan tiempo para fermentar.
5. **Diste poco tiempo de reposo en bloque antes de la división de la masa, y en esa fase no reaccionó suficiente**. Es clave que, durante el reposo de la masa, esta se hinche y tome cuerpo.
6. **La masa está poco amasada**. Durante el amasado, hazle 1 o 2 pliegues de más tipo reloj para obtener una buena formación de gluten. Imprime algo más de fuerza en cada pliegue.

PROBLEMA: LOS PANES NO FERMENTAN O LO HACEN MUY LENTAMENTE

POSIBLES CAUSAS

1. **Pusiste poca levadura**. Este problema solo se puede solucionar dejando que los panes fermenten durante más tiempo fuera de la nevera. Anota esta y otras incidencias para poder rectificar en tu próximo amasado.
2. **La masa te quedó muy fría después del amasado**. Una temperatura baja de la masa provoca que, durante la fermentación de los panes ya formados, estos se relajen excesivamente, de manera que quedan planos y con muy poco volumen. Intenta siempre obtener masas entre 24 y 25 °C.
3. **La masa no fermentó durante el reposo por mucho frío o poco tiempo de reposo**. Pon los panes en un lugar cálido y con humedad (recuerda la estrategia del horno apagado con un cazo con agua caliente). Deja así los panes ya formados, para que reaccionen y fermenten a un ritmo mejor.
4. **La parte exterior de la masa tiene demasiada corteza**. Pulverízala con agua y tapa los panes con un paño. Deja siempre que la masa fermente alejada de corrientes de aire.

PROBLEMA: LOS PANES FERMENTAN DEMASIADO DEPRISA

POSIBLES CAUSAS

1. **La nevera no está lo bastante fría**. Ten cuidado, porque, si el pan fermenta muy deprisa, incluso en la nevera puede pasarse de fermentación. La próxima vez que amases, debes poner menos cantidad de levadura.
2. **Pusiste demasiada levadura**. Reduce las horas de fermentación y hornea el pan cuando ya esté bastante fermentado, aunque no hayan transcurrido las horas indicadas en la receta.
3. **La masa te quedó muy caliente después del amasado**. Como hemos comentado, debes poner la masa en la nevera durante el reposo, para que coja algo de frío y la velocidad de fermentación sea más lenta.

PROBLEMA: LOS PANES FORMAN CORTEZA DURANTE LA FERMENTACIÓN

POSIBLES CAUSAS

1. **El lugar donde dejas fermentar los panes está expuesto a corrientes de aire**. Pulverízalos con agua y cúbrelos con un paño. También puedes pintarlos ligeramente con un pincel con agua si no dispones de un pulverizador.
2. **La masa está muy dura**. Recurre a la misma solución que antes e incorpora más agua en tu próximo amasado; las masas duras tienen más tendencia a crear corteza.

Fase de horneado

Ya estamos de lleno en la última fase del maravilloso proceso de hacer pan.

Cuando decidas que es el momento de hornear tu pan, es hora de empezar a preparar el horno.

Para el horneado de pan en casa, siempre utilizo una técnica que me explicó un día mi amigo y compañero Ibán Yarza. Me pareció la manera más fácil, cómoda y práctica de hornear pan en casa (con el horno de la cocina) y es la que, con su permiso, os voy a explicar. Es un sistema genérico, igual no sirve al pie de la letra para todos y cada uno de los panes que vayas a cocinar a lo largo de tu vida, pero sí para la mayoría de ellos.

Pon una bandeja metálica con borde en la base del horno. Cuanto más grande sea, mejor.

Enciende el horno (que solo contenga en la base la bandeja que acabamos de mencionar) a la máxima potencia, con el calor arriba y abajo.

Cuando el horno llegue a su máxima temperatura, mantenlo así unos 30 minutos más o menos. No saques la bandeja del horno, deja que coja una buena temperatura; esto es muy importante para que se genere un buen vapor cuando eches agua sobre esta bandeja.

Ahora es el momento de pasar tus panes ya fermentados a una bandeja de horno (otra, no la está calentándose dentro del horno); te aconsejo que pongas un papel de cocción en la base de esta bandeja.

No tengas prisa ni te agobies, no hace falta correr; tómate tu tiempo para, con toda la delicadeza de la que seas capaz, pasar tu pan de la bandeja en la que estaba fermentando (con el paño en la base) a esa en la que va a hornearse (con papel de cocción en la base).

En función del pan que sea, este es el momento de espolvorear harina por encima, pintar con huevo o, sencillamente, hacerle unos cortes con un cúter. Esto te lo va a indicar la receta.

Cuando tengas el pan en la bandeja de horneado y ya esté a punto para entrar en el horno, abre la puerta (recuerda que tienes el horno a la máxima potencia), introduce la bandeja con el pan y, sin cerrar la puerta, vuelca un vaso grande de agua sobre la bandeja inferior (la que pusiste al principio de todo y que ya debe de estar muy caliente). Hay que tener cierto cuidado de no quemarse, ya que cuando se vierta agua sobre la bandeja caliente se va a generar vapor.

Cierra la puerta enseguida para que el vapor generado no se escape y apaga por completo el horno durante 10 minutos.

Pasado este tiempo, enciende el horno de nuevo, con las resistencias arriba y abajo, y pon la temperatura que te indica la receta.

Como norma general, tocará mantener la temperatura del horno entre 200 y 230 °C durante el resto de la cocción.

Cuando el pan ya empiece a tomar un bonito color dorado, puedes poner la bandeja en la parte inferior del horno (ya puedes retirar la bandeja en la que echaste el vaso de agua) para que el pan adquiera una mejor base o suela. Si prefieres que todavía tenga más suela, puedes poner el pan directamente (sin la bandeja) en la base del horno durante 10 o 15 minutos.

No te obsesiones con el tiempo de horneado, dependerá de muchos factores (peso del pan, tamaño, forma, temperatura del horno). Observa el color, la consistencia de la corteza, el brillo y déjate guiar por tu intuición y también por tus preferencias (no a todos nos gusta el pan igual de cocido).

Cuando el pan ya esté dorado, saca la bandeja del horno y deja que se enfríe directamente (fuera de la bandeja) sobre una rejilla o similar. Aquí lo importante es que la pieza no esté en contacto directo con la mesa de trabajo de tu cocina, ya que la humedad haría que la base del pan quedara blanda.

¿Qué puede salir mal durante el horneado?

PROBLEMA: EL PAN SE ROMPE Y RESQUEBRAJA POR CUALQUIER LADO. LOS CORTES SE JUNTAN

POSIBLES CAUSAS

1. **La harina que utilizaste para amasar es demasiado floja y, en consecuencia, el gluten es demasiado débil y no aguanta el empuje de la levadura ni la presión en los primeros minutos de horneado, de ahí las roturas de la masa**. Utiliza una harina más fuerte la próxima vez si crees que ese es el problema.
2. **La masa no se amasó correctamente, el gluten quedó poco formado y dio como resultado una masa débil**. Este es otro de los errores comunes cuando nos iniciamos en la noble tarea de hacer pan en casa. Haz más pliegues a la masa y dale más reposos para formar un buen gluten, elástico, extensible y tenaz.
3. **Generaste poco vapor en el horno al inicio del horneado**. Puede ser que la bandeja de la parte inferior del horno no estuviera lo bastante caliente y, al echar el agua, esta no se convierta en vapor. Debes dejar que la bandeja se caliente durante más tiempo.

PROBLEMA: EL PAN QUEDA PLANO Y CON LA MIGA MUY HÚMEDA Y APRETADA

POSIBLES CAUSAS

1. **La masa no se amasó correctamente y el gluten quedó poco formado, lo que dio como resultado una masa débil**. Hazle más pliegues a la masa y dale más reposos antes de dar por finalizado el amasado.
2. **La masa estaba muy fría al finalizar el amasado**. Como hemos explicado antes, las masas frías suelen ser débiles. Busca siempre temperaturas un poco más altas y da un buen reposo a la masa antes de dividirla y formarla.
3. **El pan estaba poco fermentado (joven)**. Este problema tan solo se soluciona con más tiempo de fermentación; debes esperar más tiempo para meter el pan en el horno, aunque te pueda la impaciencia. Si ves que en la nevera se ha desarrollado poco, deja el pan fuera de esta durante 1 hora antes de meterlo en el horno.
4. **La masa se desarrolló poco durante el reposo en bloque**. Otro punto clave: recuerda que la masa siempre debe moverse mientras reposa, esto hace que adquiera fuerza. Esta fuerza de la masa es imprescindible para obtener panes con un buen desarrollo en el horno.

PROBLEMA: EL PAN QUEDA PLANO POR LA PARTE DE ARRIBA Y SE ABRE POR LA BASE

POSIBLES CAUSAS

1. **Poco vapor en el horno al inicio del horneado**. Puede ser que la bandeja de la parte inferior del horno no estuviera lo bastante caliente y, al echar el agua, esta no se convierta en vapor. Debes dejar que la bandeja se caliente durante más tiempo.
2. **Demasiado calor en la parte superior del horno u horno demasiado fuerte**. Recuerda que, cuando pongas el pan en el horno, debes apagarlo del todo para que el vapor no se seque y esto permita un buen desarrollo.

PROBLEMA: EL PAN SALE DEL HORNO CON UNA CORTEZA ROJIZA QUE SE ABLANDA AL CABO DE POCO TIEMPO

POSIBLES CAUSAS

1. **Temperatura del horno demasiado alta al inicio del horneado y poco tiempo de horneado**. Debes apagar el horno al meter el pan, sobre todo si haces una cocción con aire, y contar que, con este sistema de cocción, la temperatura siempre debe estar unos 20-30 °C por debajo de la temperatura que pondrías si hornearas con resistencias.
2. **El pan está poco fermentado (joven)**. Esto provoca que haya muchos azúcares que la levadura no ha consumido y acaban dando a la corteza del pan ese color rojizo tan característico de panes poco fermentados. La próxima vez, deja que el pan fermente durante más tiempo.

PROBLEMA: EL PAN SALE DEL HORNO CON UNA CORTEZA MUY PÁLIDA Y «FEA»

POSIBLES CAUSAS

1. **Temperatura del horno demasiado baja durante el horneado**. Con poca temperatura no hay caramelización de los azúcares. Sube el horno entre 20 y 30 °C, pero siempre vigilando que no sea demasiada temperatura.
2. **Poco vapor al inicio del horneado**. Recuerda comprobar si la bandeja de la parte inferior del horno estaba lo bastante caliente.
3. **Horno calentado durante muy poco tiempo**. En consecuencia, cuando pones el pan dentro del horno, este baja de temperatura y no se genera vapor al inicio de la cocción.
4. **Pan excesivamente fermentado**. Aquí el problema es que ha habido mucho consumo de azúcares por parte de la levadura debido a mucho tiempo de fermentación. Debes disminuir la cantidad de levadura o reducir los tiempos de fermentación en la nevera.
5. **Exceso de levadura**. Disminuye la cantidad de levadura en tus próximos amasados y verás como la corteza de tus panes deja de tener ese tono pálido.

CUADRO RESUMEN DEL PROCESO DE HACER PAN EN CASA

pesado de ingredientes (10 minutos)

mezcla de harina, agua, sal y levadura (2-5 minutos)

reposo a temperatura ambiente (30 minutos)

4 fases de pliegues «estilo reloj» y sus reposos (2 horas)

reposo en bloque antes de dividir y formar (1 hora)

división y formado (30 minutos)

fermentación en nevera (toda la noche o 12 horas)

horneado (30-40 minutos)

enfriado (20 minutos)

Total tiempo activo: 1 hora

Total horas no activas (pero necesarias): 16 horas

Total horas del proceso: 17 horas

Fase de conservación

Una fase no activa, pero que tiene mucha más importancia de la que puede parecer.

Es una lástima que, tras seguir un cuidadoso y laborioso proceso para hacer el pan, no tengamos en cuenta cómo conservarlo para alargar el máximo tiempo posible todas sus cualidades organolépticas.

Vamos a ver una serie de aspectos fundamentales.

En primer lugar, deja que el pan se enfríe sobre una rejilla y alejado de corrientes de aire. Los panes grandes necesitan más tiempo de enfriado que los pequeños.

Una vez que el pan esté totalmente frío, si no vas a consumirlo en las horas siguientes, envuélvelo en un paño de algodón o guárdalo en un cajón de la cocina, a poder ser sin que haya otros alimentos que desprendan un fuerte olor (verduras, por ejemplo).

PRECOCCIÓN PARA POSTERIOR CONGELACIÓN

Es una técnica muy interesante si haces más de un pan en cada cocción y no vas a consumirlo en los próximos 2 días. Esta técnica alarga la conservación del pan hasta 3-4 semanas en el congelador.

La técnica del **pan precocido congelado** es la siguiente:

Cuando estás horneando tu pan normalmente, debes sacarlo del horno a media cocción, cuando está todavía muy blanco y no ha empezado a formarse la corteza definitiva. En función del tamaño y peso del pan, esto quiere decir un tiempo de horneado entre 14 y 21 minutos. Cuanto más grande es el pan, más tiempo tienes que dejarlo en el horno en esta primera fase de la precocción.

Cuando lo saques del horno, deja que se enfríe sobre una rejilla hasta que veas que tu pan está completamente frío. Si decides que **vas a congelarlo**, la mejor opción es la siguiente:

Corta el pan en rebanadas ayudándote de un buen cuchillo de sierra.

Cuando tengas todo el pan rebanado, introdúcelo en una bolsa de papel, ciérrala bien e introdúcela, a su vez, en una bolsa de plástico. Cierra bien la bolsa de plástico intentando que haya el mínimo aire dentro. La idea de este doble envasado es la de proteger al máximo el pan de pérdidas de humedad durante la congelación.

Una vez envuelto el pan, mételo en el congelador.

Puedes conservarlo así congelado durante 3-4 semanas tranquilamente.

DESCONGELACIÓN

Cuando quieras «recuperar» tu pan precocido, saca del congelador tan solo las rebanadas de pan que vayas a consumir en ese momento. Deja esas rebanadas a temperatura ambiente durante 5 minutos, para que se descongelen casi por completo.

En este punto, tienes varias opciones para «terminar» tu pan:

- **LA PRIMERA** es poner las rebanadas directamente en la tostadora. Es la opción más fácil y rápida para tener pan caliente, crujiente y con todas sus características originales.

- **LA SEGUNDA** es la más recomendable si vas a «recuperar» pan en grandes cantidades y no quieres estar mucho tiempo delante de la tostadora.

  Este sistema te va a ir muy bien si tienes invitados en casa y quieres sorprenderlos con un pan recién tostado y en su punto.

  Enciende el horno a una temperatura (arriba y abajo) de 180 °C.

  Pon las rebanadas en una bandeja de horno que habrás cubierto con un papel de horneado.

  Rocía con aceite de oliva virgen extra y pon un poco de sal y pimienta negra (opcional) sobre cada rebanada.

  Después, introduce la bandeja con las rebanadas en el horno durante 15 minutos. Verás que el resultado son unas crujientes y apetecibles rebanadas de pan caliente y que el aroma en toda la cocina es de lo más irresistible.

- **LA TERCERA** opción es poner las rebanadas de pan en la plancha o encima de una sartén e ir girándolas conforme vayan tostándose.

  Si lo que quieres es congelar el pan sin rebanar, haz exactamente lo mismo que hemos explicado antes y protege tu pan (aunque no lo cortes) embolsándolo dos veces, con papel y después con plástico.

  Congélalo así, sin más.

REGENERACIÓN

Cuando, pasado un tiempo, quieras «recuperar» tu pan entero, sácalo de la bolsa de plástico y de la de papel, y deja que se descongele por completo durante unos 30 minutos.

Enciende el horno a una temperatura de 180-200 °C, con las resistencias arriba y abajo y, cuando el horno haya llegado a su temperatura, hornéalo durante un tiempo aproximado de 15-20 minutos, dependiendo del tamaño y la forma del pan.

Cuanto más grande sea el pan, más tiempo de regeneración va a necesitar.

Cuando haya adquirido el color deseado, sácalo del horno y deja que se enfríe sobre una rejilla.

CONSEJOS MUY PRÁCTICOS

- Congela el pan en cuanto se haya enfriado y esté en su óptimo momento de consumo. No lo dejes «envejecer» durante todo el día antes de congelarlo.
- Protege en todo momento el pan de las corrientes de aire. Tápalo con un paño o introdúcelo en un cajón de la cocina.
- Evita que el pan esté en contacto con alimentos con un olor fuerte (cebollas, pimientos, ajos).
- No tengas el pan en el congelador más de 3-4 semanas.
- Cuanto más grande sea el pan, más tiempo va a conservarse en buen estado congelado y mejor va a quedar después de la regeneración.

LOS CLÁSICOS QUE NO PUEDEN FALTAR

En este apartado veremos esos panes que deben hacerse al menos una vez en la vida —aunque seguro que los harás muchísimas más—, ya que son un «valor seguro» y los tuyos te los van a pedir regularmente.

Baguette con extra de semillas

Para 5 baguettes de 200 gramos
500 g de harina panificable
12 g de sal
280 g de agua
4 g de levadura
150 g de mezcla de semillas para decorar (sugerencia): sésamo, lino marrón, amapola, pipas de calabaza, pipas de girasol y mijo
150 g de agua

Tuesta las semillas a 200 °C hasta que estén bien doradas. A continuación, ponlas en un bol y añade 150 g de agua del grifo. Remueve la mezcla y déjala reposar hasta que se enfríe. Puedes prepararla el día anterior y guardarla en la nevera.

Para empezar a amasar, pesa todos los ingredientes y disuelve la levadura y la sal en el agua. En un bol, vierte la harina, la mezcla de semillas tostadas remojadas y añade el agua con la levadura y la sal.

Remueve con la mano (o con una espátula de madera) durante 1 o 2 minutos, hasta que se formen grumos. Si la masa queda muy dura, agrega un poco más de agua y remueve hasta que se integre bien.

Cubre el bol con un paño y deja que repose a temperatura ambiente durante 30 minutos.

Luego, pasa la masa en la mesa de trabajo y hazle 2 pliegues con el sistema del reloj, tal como se explica en el capítulo referente al amasado. Vuelve a dejarla en el bol y deja reposar otros 30 minutos.

Repite esta operación un máximo de 5 veces o hasta que veas que la masa está bien fina. Cuando acabes el amasado, deja que la masa repose 1 hora más, cubierta con un paño, para evitar que se forme corteza.

Espolvorea la masa con harina y divídela en piezas de 200 g, intentando que queden lo más redondeadas posible. Forma barras no muy largas y acabadas en punta.

Vierte la mezcla de semillas sin tostar en un táper o sobre un papel de horno. Humedece con agua 4 o 5 hojas de papel de cocina y reboza cada barra pasándola primero por el papel húmedo y después por la mezcla de semillas, procurando cubrirla bien por todos los lados

Coloca las barras en una bandeja cubierta con un paño bien enharinado y déjalas así durante 1 hora. Después, guárdalas en la nevera hasta el día siguiente (entre 12 y 24 horas). Si al sacarlas están muy frías o poco fermentadas, ponlas 1 hora en un lugar cálido y sin corrientes de aire antes de hornear.

Precalienta el horno y pasa las barras a una bandeja con papel de cocción. Haz un corte de arriba abajo de la barra y hornea a 220 °C durante 25 minutos, con vapor al inicio. Para más detalles, lee el apartado correspondiente al horneado.

VE «JUGANDO» con las semillas. Un día reboza tus baguettes solo con sésamo, otro solo con pipas y otro con mijo o lino. También puedes utilizar diferentes combinaciones, aunque en la masa pongas siempre la mezcla de semillas que te indicamos al inicio de la receta.

Otra opción interesante es elaborar las baguettes sin las semillas de vez en cuando. En este caso, sigue exactamente las mismas indicaciones, pero omitiendo las relativas a las semillas.

Barra estilo gallego

Para 5 barras de 200 gramos
200 g de harina panificable
200 g de harina de fuerza
50 g de harina de centeno integral
50 g de harina integral
12 g de sal
450 g de agua
5 g de levadura

Empieza pesando todos los ingredientes y disuelve la levadura y la sal en el agua. En un bol, preferiblemente plano, vierte las harinas y añade esta mezcla de agua, levadura y sal.

Remueve con la mano (o con una espátula) hasta formar grumos no excesivamente grandes. Si la masa queda muy dura, agrega un poco más de agua y sigue removiendo. Al tratarse de una masa muy hidratada, este paso puede requerir un poco más de tiempo.

Cubre el bol con un paño y deja reposar a temperatura ambiente durante 45 minutos.

Pasado ese tiempo, sin volcar la masa en la mesa de trabajo, mójate las manos con agua y hazle 2 pliegues con el sistema del reloj. Deja reposar nuevamente durante 30 minutos.

En este caso, no vamos a sacar la masa del bol en ningún momento del amasado, ya que estará muy blanda. Siempre con las manos mojadas, repite esta operación de 2 pliegues y reposo un máximo de 6 veces o hasta que veas que la masa está bien fina.

Cuando acabes el amasado, pon la masa en un táper rectangular pintado con aceite de oliva y deja que repose durante 2 horas. Recuerda poner la tapa para que no se forme corteza. Luego, guarda la masa en la nevera hasta el día siguiente.

Espolvorea la mesa con harina panificable (o sémola de trigo duro), vuelca la masa con la ayuda de una rasqueta y, con delicadeza, córtala en piezas rectangulares (vigila que quepa en la bandeja). Da forma a las puntas de las barras girándolas sobre la mesa y rebózalas abundantemente con harina o sémola. Colócalas sobre una bandeja de hornear con papel de cocción, dejando separación entre ellas.

Si observas que las barras aún están poco fermentadas, déjalas 1 hora en un lugar cálido y sin corrientes de aire, para que acaben de «subir».

Enciende el horno a la máxima potencia y déjalo así durante unos 30 minutos para que tenga una buena inercia de calor.

Antes de meter las barras en el horno, hazles un corte a lo largo. Hornéalas a 230 °C con vapor durante los primeros minutos y continúa el horneado durante un total de 22 minutos o hasta que veas que tienen un bonito color.

Para más detalles sobre el horneado, consulta el apartado correspondiente.

AL SER UNA MASA tan blanda, es imprescindible que, durante la fermentación en la nevera, se hinche bien. Si no ha subido lo suficiente, debes dejarla fuera de la nevera antes de formar las barras, para que tome buen cuerpo.

Hogaza de pan

Para 1 hogaza grande de 900 gramos

500 g de harina panificable

10 g de sal

375 g de agua

4 g de levadura

Pesa todos los ingredientes de la receta y mezcla el agua con la levadura y la sal. En un bol, vierte la harina y añade esta mezcla.

Remueve con la mano (o con una espátula) hasta que se formen grumos. Ajusta la cantidad de agua si ves que la masa queda muy dura. Este proceso puede durar 1 o 2 minutos como máximo.

Cubre el bol con un paño y deja reposar a temperatura ambiente durante 30 minutos.

Luego, vuelca la masa en tu superficie de trabajo y hazle 2 pliegues con el sistema del reloj. Devuélvela al bol y deja que repose otros 30 minutos.

Repite esta secuencia de pliegues y reposo un máximo de 4 veces o hasta que veas que la masa está bien fina.

Cuando acabes el amasado, deja que la masa repose 1 hora más, cubierta con un paño para que no se forme corteza.

Después, pásala a tu mesa y forma una bola redonda haciendo un pliegue con el sistema del reloj sobre el centro de la masa. Deja el pan así formado en una bandeja (o táper) recubierta con un paño bien espolvoreado con harina de trigo. Pon el táper en la nevera hasta el día siguiente.

Pasadas entre 12 y 24 horas, coloca la masa sobre una bandeja de horno con papel de cocción, dejando que la parte más fea quede abajo. Aplasta muy ligeramente la hogaza de pan con la mano para que quede un poquito plana. Si observas que el pan está muy frío o poco fermentado, déjalo 1 hora en un lugar cálido y sin corrientes de aire antes de hornear.

Enciende el horno para precalentarlo y, cuando esté listo, espolvorea un poco de harina sobre la hogaza. A continuación, hazle cortes laterales y transversales con la cuchilla o el cúter y hornéala a una temperatura de 210 °C con vapor al inicio durante 60 minutos.

SI UNA VEZ FRÍO, rebanas el pan y lo congelas bien envuelto en papel y dentro de una bolsa de plástico, tendrás un pan de larga conservación, muy rico y saludable, disponible en cualquier momento.

Cuando quieras regenerarlo, tan solo tienes que descongelar la rebanada que vayas a consumir dejándola a temperatura ambiente y luego tostarla durante 3 o 4 minutos. Verás que recupera toda la humedad de la miga y mantiene la corteza crujiente y apetitosa.

Si quieres preparar una hogaza todavía más grande, dobla los ingredientes de la receta para obtener un pan de casi 2 kilos. Ten en cuenta que, en este caso, deberás alargar los tiempos de cocción.

Torta de aceite de oliva y sal gruesa

Para 2 tortas de 500 gramos

500 g de harina panificable

10 g de sal

400 g de agua

50 g de aceite de oliva virgen extra

8 g de levadura

Empieza pesando todos los ingredientes de la receta. Disuelve la levadura y la sal en el agua. En un bol, vierte la harina junto con el aceite de oliva y añade la mezcla de agua, levadura y sal.

Con la mano o con una espátula de madera, remueve todo hasta que se formen grumos no excesivamente grandes. Si notas que la masa queda muy dura o seca, puedes ajustar la cantidad de agua agregando un poco más y volviendo a remover hasta que todos los ingredientes se integren bien. Este paso no debería llevarte más de 1 o 2 minutos como máximo.

Cubre el bol con un paño y deja que la masa repose a temperatura ambiente durante 30 minutos.

Pasado el tiempo de reposo, vuelca la masa sobre la mesa de trabajo y hazle 2 pliegues utilizando el sistema del reloj. Vuelve a colocar la masa en el bol y deja que repose a temperatura ambiente otros 30 minutos.

Repite esta operación de 2 pliegues con el sistema del reloj y reposo de 30 minutos un máximo de 5 veces o hasta que veas que la masa ha adquirido una textura lisa y fina.

Cuando termines el amasado, deja la masa en un táper plano ligeramente aceitado durante 1 hora a temperatura ambiente y después guárdala en la nevera hasta el día siguiente. La masa debe quedar tapada o cubierta con un paño.

Al día siguiente, saca la masa de la nevera y vuélcala sobre tu superficie de trabajo ligeramente enharinada. Divide en porciones de 500 g aproximadamente y forma bolas sin apretar mucho, tan solo intenta que queden un poco redondeadas. Deja reposar las bolas de masa durante unos 30 minutos.

Con las manos, estira cada bola hasta que tenga un diámetro aproximado de unos 25 cm y colócala sobre una bandeja de horno con papel de cocción.

Enciende el horno para calentarlo bien y, cuando esté listo, clava ligeramente los dedos sobre las tortas y píntalas con aceite de oliva.

Hornea a una temperatura de 230 °C con vapor al inicio durante 10-12 minutos, hasta que las tortas estén doradas y crujientes.

Para más detalles sobre cómo hornear tus panes, lee el apartado correspondiente al horneado.

PRUEBA A ELABORAR tortitas más pequeñas, de unos 80 g, utilizando la misma masa y el mismo proceso. Si te atreves, incorpora ingredientes como aceitunas, pipas, tomate u otros que creas que pueden combinar bien con esta excelente torta de aceite.

PANES DE SABOR

Capítulo dedicado a panes en los que añadimos cosas buenas que combinan a la perfección con una masa base de pan. Verás que obtienes panes ricos y nutricionalmente bien equilibrados. No hay excusa para no elaborarlos.

Chapata con aceitunas de Kalamata y tomate seco

Para 6 chapatas de 200 gramos
500 g de harina de fuerza
12 g de sal
470 g de agua
5 g de levadura
120 g de aceitunas de Kalamata
90 g de tomate seco
orégano o hierbas provenzales (opcional)

Corta las aceitunas por la mitad y los tomates secos en trozos medianos. Mézclalo todo junto con un poco de aceite de oliva. Opcionalmente, puedes añadir un poco de orégano o hierbas provenzales. Reserva esta mezcla para después.

Pesa todos los ingredientes y mezcla el agua con la levadura y la sal. En un bol plano, vierte la harina de fuerza y añade esta mezcla.

Remueve con la mano (o con una espátula) hasta que se formen grumos no demasiado grandes. Si notas la masa muy dura, agrega un poco más de agua y sigue removiendo hasta que se integre bien. Al tratarse de una masa muy hidratada, necesitará un poco más de trabajo que otras, pero no te llevará más de 2 minutos.

Cubre el bol con un paño y deja reposar a temperatura ambiente durante 45 minutos.

Pasado este tiempo, mójate las manos y haz 2 pliegues con el sistema del reloj. Déjala reposar otros 30 minutos. En este caso, no vamos a sacar la masa del bol en ningún momento del amasado, ya que estará muy blanda.

Siempre con las manos mojadas, repite esta operación de 2 pliegues y reposo entre 5 o 6 veces, o hasta que veas que la masa está bien fina.

Antes de la última serie de 2 pliegues, añade la mezcla de aceitunas y tomates que teníamos reservada y haz los pliegues con el sistema del reloj. Deja que repose.

Cuando acabes el amasado, pon la masa en un táper rectangular pintado con aceite de oliva y deja que repose 2 horas. Recuerda poner la tapa para que no se forme corteza. Luego, mete la masa en la nevera hasta el día siguiente.

Precalienta el horno a máxima potencia y espolvorea harina (o sémola de trigo duro) sobre la mesa. Vuelca la masa ayudándote de una rasqueta y, con delicadeza, ve cortando piezas rectangulares del tamaño que prefieras. Rebózalas abundantemente con la harina (o la sémola) y colócalas sobre una bandeja con papel de cocción, dejando separación entre cada una.

Si observas que las chapatas están poco fermentadas, déjalas 1 hora en un lugar cálido y sin corrientes de aire para que termine de «subir».

Hornea a una temperatura de 230 °C con vapor al inicio durante 20 minutos o hasta que veas que están bien doradas.

CON ESTA TÉCNICA DE AMASADO y la incorporación de otros ingredientes, puedes elaborar una casi infinita variedad de panes de chapata. Deja volar tu imaginación y experimenta con nuevas combinaciones, formatos y texturas.

Pan de avellanas tostadas y miel

5 panes de 200 gramos

500 g de harina panificable

10 g de sal

325 g de agua

5 g de levadura

150 g de avellanas

miel para decorar

Enciende el horno a 200 °C. Pesa las avellanas y remójalas con agua. Escúrrelas y, sin que lleguen a secarse, mézclalas con un poco de sal, asegurándote de que quede bien repartida.

Esparce las avellanas sobre una bandeja con papel de cocción y tuéstalas hasta que estén bien doradas. Déjalas enfriar y resérvalas para después.

Para la masa, pon la harina en un bol y añade la mezcla de agua, levadura y sal. Remueve con la mano (o con una espátula) hasta que se formen grumos. Si ves que está demasiado dura, añade un poco más de agua y sigue removiendo. Este paso no debería alargarse más de un par de minutos.

Cubre el bol con un paño y deja reposar la masa 30 minutos a temperatura ambiente.

Luego, colócala sobre la mesa de trabajo y haz 2 pliegues con el sistema del reloj. Devuélvela al bol y deja reposar otros 30 minutos.

Repite esta secuencia de pliegues y reposo 4 o 5 veces o hasta que la masa está bien fina.

Cuando esté lista, vuelca la masa sobre la superficie, echa por encima las avellanas tostadas (es muy importante que estén bien frías) y haz otro pliegue. Algunas avellanas se «escaparán», pero puedes volver a meterlas sin problema.

Divide la masa en 5 porciones y vuelve a unirlas hasta formar una masa homogénea. Déjala reposar cubierta con un paño para que no se forme corteza.

Después, vuelca la masa sobre tu mesa de trabajo ligeramente enharinada y divídela en piezas de 200 g. Forma barrotes cortos y sin punta, y déjalos reposar 1 hora a temperatura ambiente en una bandeja (o táper) recubierta con un paño bien espolvoreado con harina. Guárdala en la nevera hasta el día siguiente.

Pasadas entre 12 y 24 horas, coloca los panes sobre una bandeja de horno con papel de cocción. Si están muy fríos o poco fermentados, deja que suban 1 hora más en un lugar cálido.

Haz un corte recto en la parte superior y hornéalos a 210 °C durante unos 30 minutos, con vapor al inicio.

Una vez cocidos y fríos, puedes decorarlos con un chorrito de miel por encima. Si quieres potenciar aún más el sabor, añade algunas avellanas tostadas sobre la miel. Así, quedarán unos panes preciosos, apetecibles y muy nutritivos.

PRUEBA A HACER PANES más pequeños, tipo chapatinas: solo debes dividir la masa en porciones más pequeñas y hornearlas a máxima potencia durante menos tiempo para evitar que se resequen. Acábalas también con un poco de miel y avellanas por encima.

Pan de chocolate con leche y naranja

Para 5 panes de 200 gramos
500 g de harina panificable
10 g de sal
350 g de agua
10 g de levadura
75 g de gotas o trozos pequeños de chocolate con leche
80 g de dados de naranja confitada
chocolate negro o con leche, para decorar
dados de naranja confitada para decorar

Empieza pesando todos los ingredientes y mezclando el agua con la levadura y la sal. En un bol, vierte la harina y añade esta mezcla.

Remueve con la mano (o con una espátula) hasta que se formen grumos. Si notas que la masa queda muy dura, añade un poco más de agua y vuelve a remover hasta que se integre bien. Paralelamente, mezcla el chocolate y la naranja, y resérvalos aparte. Todo este proceso te llevará 1 o 2 minutos como máximo.

Cubre el bol con un paño y deja reposar la masa a temperatura ambiente durante 30 minutos.

Luego, vuélcala sobre la mesa de trabajo y hazle 2 pliegues utilizando el sistema del reloj. Devuelve la masa al bol y deja que repose otros 30 minutos.

Repite esta operación de pliegues y reposo 4 veces más.

A continuación, extiende la masa en la superficie, añade por encima la mezcla de chocolate y naranja confitada y haz otro pliegue con el sistema del reloj. Parte la masa en 5 porciones y vuelve a unirlas hasta formar una masa homogénea.

Deja que repose 1 hora más, cubierta con un paño, para evitar que se forme corteza.

Para acabar, vuelca la masa sobre la mesa ligeramente enharinada y divídela en piezas de 200 g. Dales forma de barrotes cortos y sin punta y ponlos en una bandeja (o táper) con un paño bien espolvoreado con harina de trigo.

Deja que reposen a temperatura ambiente durante 1 hora y después guárdalos en la nevera hasta el día siguiente.

Pasado el tiempo en la nevera (entre 12 y 24 horas), coloca los panes sobre una bandeja de horno con papel de cocción. Si el pan está muy frío o poco fermentado, déjalo 1 hora en un lugar cálido y sin corrientes.

Haz un corte recto encima de cada barrote y hornéalos a 210 °C durante 30 minutos, con vapor al inicio.

Cuando los panes estén cocidos y fríos, puedes decorarlos de la siguiente manera: derrite en el microondas un poco de chocolate (negro, con leche o blanco) y baña la superficie.

Antes de que el chocolate se enfríe, pon unos dados de naranja confitada por encima. Verás que es un acabado muy original y fácil que, además de dar presencia a tus panes, les aportará un extra de sabor.

PRUEBA DIFERENTES COMBINACIONES: chocolate blanco con pistachos, chocolate negro con nueces o, simplemente, una mezcla de chocolates. ¡Las ideas buenas y originales son casi infinitas, tan solo tienes que perder el miedo y atreverte!

Panecillos de queso fundido y cebolla caramelizada

Para 14 panecillos de 80 gramos

500 g de harina panificable

10 g de sal

300 g de agua

8 g de levadura

150 g de queso rallado tipo emmental

75 g de cebolla caramelizada

Pesa todos los ingredientes y mezcla el agua con la levadura y la sal. En un bol, vierte la harina y añade esta mezcla.

Remueve con la mano (o con una espátula) hasta que se formen grumos. Si la masa queda muy dura, agrega un poco más de agua y vuelve a remover hasta que se integre bien. Cubre el bol con un paño y deja reposar a temperatura ambiente durante 30 minutos.

Luego, vuelca la masa en la superficie de trabajo y hazle 2 pliegues con el sistema del reloj. Devuélvela al bol y déjala reposar otros 30 minutos.

Repite este proceso 4 veces.

Para terminar el amasado, extiende la masa en la mesa, añade por encima la mezcla de queso y cebolla (previamente preparada) y haz otro pliegue con el sistema del reloj.

Divide la masa en 5 porciones y vuelve a unirlas hasta formar una masa homogénea, asegurándote de que los ingredientes quedan bien mezclados. Deja que repose 1 hora, cubierta con un paño, para que no se forme corteza.

Coloca la masa sobre una superficie ligeramente enharinada y divídela en piezas de 80 g. Para formar los panecillos, haz miniplegados con el sistema del reloj y redondéalos con las manos sobre la mesa.

Deja reposar los panecillos 1 hora en una bandeja (o táper) recubierta con un paño espolvoreado con harina. Cúbrela y guárdala en la nevera hasta el día siguiente.

Tras unas 12 o 24 horas, pon los panecillos sobre una bandeja de horno con papel de cocción. Si están muy fríos o poco fermentados, déjalos 1 hora más en un lugar cálido y sin corrientes.

Haz un corte en forma de cruz con unas tijeras en cada panecillo y pon encima una cucharada pequeña de cebolla caramelizada y un puñadito de queso rallado. Presiona ligeramente para que estos 2 ingredientes queden bien pegados a la masa. Hornea a 230 °C con vapor al inicio durante un total de 14 minutos.

ESTOS PANECILLOS son ideales para precocerlos y posteriormente congelarlos. En este caso, hornéalos tan solo 6-7 minutos y deja que se enfríen bien. Guárdalos en el congelador en una bolsa de papel dentro de otra bolsa de plástico bien cerrada. Cuando los quieras comer, tan solo deja que se descongelen durante 5 minutos a temperatura ambiente y pásalos por una plancha caliente para que el queso vuelva a fundirse.

¡Verás como los tuyos te van a felicitar!

Focaccia de tomate, cebolla y albahaca

Para 4 focaccias de 250 gramos

500 g de harina panificable
10 g de sal
350 g de agua
35 g de manteca de cerdo de primera calidad
35 g de aceite de oliva virgen extra
8 g de levadura
cebolla caramelizada
tomates cherri
hojas de albahaca fresca
sal gruesa
aceite de oliva virgen extra

Empieza pesando todos los ingredientes. Disuelve la levadura y la sal en el agua y mezcla con la harina en un bol, junto con el aceite de oliva. Reserva aparte la manteca de cerdo.

Remueve con la mano (o con una espátula) hasta que se formen grumos no excesivamente grandes. Si ves que la masa queda muy dura, añade un poco más de agua y vuelve a remover hasta que se integre bien. Este proceso puede durar 1 o 2 minutos.

Cubre la masa con un paño y déjala reposar 30 minutos a temperatura ambiente. Luego, pásala a la mesa de trabajo y hazle 2 pliegues con el sistema del reloj. Devuélvela al bol y deja que repose otros 30 minutos.

Incorpora la manteca de cerdo a la masa de la siguiente manera: la manteca de cerdo debe estar a temperatura ambiente y blanda. En la mesa, vuelca la masa y pon porciones pequeñas de manteca por encima, aplástala para que se integre mejor. Haz 2 pliegues con el sistema del reloj y deja reposar 30 minutos.

Repite esta operación un máximo de 4 veces o hasta que veas que la masa está bien fina y con la manteca de cerdo bien integrada.

Cuando acabes el amasado, deja que la masa repose 1 hora, cubierta con un paño para que no se forme corteza. Después, divide en piezas de 200 g y colócalas en moldes rectangulares de 18 x 13 cm, previamente engrasados con aceite en la base y los laterales.

Deja reposar 10 minutos y, a continuación, estira la masa con los dedos (los puedes mojar en aceite para hacerlo más fácil) para que cubra la totalidad del molde. Cubre con un paño y deja en la nevera hasta el día siguiente.

Tras la fermentación (entre 12 y 24 horas) y cuando veas que ha subido hasta el borde del molde, pinta la masa con aceite de oliva, clava suavemente los dedos en ella y reparte generosamente cebolla caramelizada y unos tomates cherri cortados por la mitad. Esparce un poco de sal gruesa por encima y otro chorrito de aceite de oliva. Opcionalmente también puedes añadir un poco de orégano o hierbas provenzales.

Hornea las focaccias a 230 °C durante 12 minutos, sin necesidad de vapor. Cuando las saques, pon un par de hojas de albahaca para dejarlas terminadas.

¡SON INFINITAS! También puedes hornear la focaccia solo pintada con aceite de oliva y sal gruesa, y consumirla como un pan para mojar una buena salsa o acompañar cualquier otro ingrediente que te guste mucho.

Panecillos de hamburguesa con sésamo

Para 12 panecillos de 80 gramos
500 g de harina de fuerza
10 g de sal
180 g de agua
15 g de levadura
65 g de azúcar
90 g de mantequilla
100 g de puré de patata
2 huevos
120 g de sésamo

Pesa todos los ingredientes y mezcla el agua con la levadura y la sal hasta que se disuelvan bien. En un bol, vierte la harina, el azúcar, el puré de patata y la mantequilla (debe estar blandita). Mezcla estos ingredientes ligeramente y añade la preparación de agua con levadura y sal.

Con la mano (o con una espátula), comienza a remover hasta que se formen grumos no excesivamente grandes. Si ves que la masa queda muy dura, agrega un poco más de agua y sigue removiendo hasta que se integre bien. Este paso puede llevarte un par de minutos como máximo.

Cubre el bol con un paño y deja que la masa repose durante 30 minutos a temperatura ambiente.

Pasado este tiempo, vuelca la masa sobre la mesa de trabajo y hazle 2 pliegues con el sistema del reloj. Vuelve a ponerle en el bol y deja reposar otros 30 minutos.

Repite esta operación un máximo de 6 veces o hasta que veas que la masa está bien fina. Si notas que la masa está empezando a fermentar mucho, puedes dejarla reposar en la nevera.

Cuando acabes el amasado, deja que la masa repose 1 hora más a temperatura ambiente, cubierta con un paño para que no se forme corteza.

Luego, divide en piezas de 80 g y forma bolas intentando que queden lo más lisas posible por arriba. Pinta cada una con yema de huevo y rebózalas con sésamo.

Dispón las piezas en una bandeja de horno con papel de cocción, dejando separación entre ellas para que puedan fermentar bien espaciadas. Cubre la bandeja y deja que fermente 1 hora a temperatura ambiente. Después, guárdala en la nevera hasta el día siguiente.

Si al sacarla observas que el pan de hamburguesa está muy frío o poco fermentado, déjalo 1 hora más en un lugar cálido y sin corrientes de aire, para que acabe de «subir» antes de meterlo en el horno.

Enciende el horno para calentarlo bien y, cuando esté listo, hornea las hamburguesas a 230 °C durante más o menos 8-9 minutos, con vapor al inicio.

UTILIZA ESTOS PANECILLOS de hamburguesa para hacer bocadillos a la plancha, rellenos, por ejemplo, de jamón dulce y queso laminado. Tan solo debes untar la base y la suela del pan con mantequilla o aceite de oliva virgen extra, rellenarlo con lo que más te guste y ponerlo a la plancha hasta que esté bien dorado. ¡Verás que son una delicia!

Panecillos extrablandos al vapor

Para 17 panecillos de 50 gramos
500 g de harina panificable
10 g de sal
300 g de agua
8 g de levadura
20 g de azúcar
20 g de mantequilla

Pesa todos los ingredientes y mezcla el agua con la levadura y la sal. En un bol, vierte la harina, el azúcar y la mantequilla (debe estar blanda). Mézclalo todo ligeramente y añade la preparación de agua, levadura y sal.

Remueve con la mano (o con una espátula) hasta que se formen grumos. Si la masa queda muy dura, echa un poco más de agua. Este proceso puede durar 1 o 2 minutos.

Cubre el bol con un paño y deja reposar 30 minutos a temperatura ambiente.

Luego, pon la masa en la superficie de trabajo y haz 2 pliegues con el sistema del reloj. Devuélvela al bol y deja que repose otros 30 minutos.

Repite este proceso 5 veces o hasta que la masa esté bien fina. Si ves que fermenta demasiado, puedes meterla en la nevera.

Una vez terminado el amasado, deja reposar la masa 1 hora más, cubierta con un paño para evitar que se forme corteza.

Después, divide la masa en piezas de 50 g y forma bolas lisas por arriba (nc te preocupes si no quedan perfectamente redondeadas). Colócalas en una bandeja con papel de cocción o en un táper, dejando espacio entre ellas. Cubre bien y guarda en la nevera hasta el día siguiente.

Si al sacarlas están muy frías o poco fermentadas, déjalas 1 hora en un lugar cálido y sin corrientes.

Pon una olla a hervir y coloca el cocedor arriba a modo de tapa. Para evitar que los panecillos se peguen, puedes poner bajo cada uno un pequeño cuadrado de papel de cocción.

Cuando el agua empiece a hervir, baja el fuego o la potencia de calor hasta un valor de 4 en una escala del 1 al 10 y cuécelos durante unos 25 minutos. Si no te caben todos en un mismo molde, guarda el resto en la nevera hasta que dispongas de más espacio para cocerlos.

Es importante que no levantes la tapa antes de tiempo, porque corres el riesgo de que los panecillos aún estén crudos y se bajen. Para comprobar si están bien cocidos, abre uno con cuidado. Si ya se ha formado la miga es que ya puedes retirarlos del fuego.

Déjalos enfriar a temperatura ambiente y guárdalos en un táper bien cerrado o en el congelador.

ESTOS PANECILLOS al vapor son ideales para las personas que sufren dolor de encías y tienen dificultades para masticar panes con corteza.

Prueba a incorporar ingredientes distintos en la masa para hacer panecillos extrablandos con sabores originales y sorprende a los tuyos no solo por el sabor, sino también por la textura de estos panecillos.

Panecillos sin forma

Para unos 25 panecillos de 50 gramos

500 g de harina de fuerza

12 g de sal

450 g de agua

6 g de levadura

Empieza pesando todos los ingredientes de la receta y disolviendo la levadura y la sal en el agua. En un bol, incorpora la harina y vierte encima la mezcla de agua, levadura y sal.

Remueve con la mano (o con una espátula de madera) hasta que se formen grumos no excesivamente grandes. Si notas que la masa está muy dura, puedes añadir un poco más de agua y seguir removiendo hasta que todos los ingredientes se integren bien. Al tratarse de una masa muy hidratada, este paso requerirá un poco más de tiempo.

Cuando esté todo más o menos integrado, cubre el bol con un paño y deja que la masa repose a temperatura ambiente durante 45 minutos.

Pasado ese tiempo, humedécete las manos con agua y haz 2 pliegues a la masa siguiendo el sistema del reloj. Déjala reposar a temperatura ambiente 30 minutos. Dado que esta masa es especialmente blanda, no será necesario sacarla del bol durante el proceso de amasado.

Siempre con las manos mojadas, repite esta operación de pliegues y reposo un máximo de 5 o 6 veces, o hasta que veas que la masa está bien fina.

Cuando acabes el amasado, pon la masa en un táper rectangular pintado con aceite de oliva y deja que repose 2 horas a temperatura ambiente. Recuerda poner la tapa para que no se forme corteza. Luego, guarda el táper en la nevera hasta el día siguiente.

Cuando observes que la masa ya está bien fermentada y casi ha doblado su volumen inicial, enciende el horno para que se precaliente bien.

Con las manos húmedas, corta trozos de masa del tamaño que prefieras y ponlos directamente sobre un bol con harina (da igual la harina que sea). También puede ser sémola de trigo duro. Si notas que aún le falta un poco de fermentación, déjala 1 hora más en un lugar cálido y sin corrientes de aire, para que acabe de «subir».

Reboza cada pieza con la harina del bol y colócalas directamente sobre la bandeja del horno con papel de cocción. Hornéalas a una temperatura de 240 °C durante un total de 14 minutos, sin vapor al inicio.

TAMBIÉN PUEDES hacer esta masa con algún sabor, mezclando, por ejemplo, aceitunas, tomates cherri o incluso frutos secos durante el amasado.

El resultado serán unos panecillos muy tiernos y esponjosos que seguro que vas a repetir en más de una ocasión.

Tortitas de pan de mantequilla y azúcar moreno

Para 10 tortitas de 80 gramos

500 g de harina panificable

10 g de sal

300 g de agua

20 g de azúcar moreno

20 g de mantequilla

10 g de leche en polvo (opcional)

10 g de levadura

Pesa todos los ingredientes y mezcla el agua con la levadura y la sal. En un bol, vierte la harina junto con el azúcar, la mantequilla (que debe estar blandita) y la leche en polvo.

Añade la mezcla de agua, levadura y sal, y empieza a remover con la mano (o con una espátula) hasta que se formen grumos. Si ves que la masa queda muy dura, agrega un poco más de agua y continúa removiendo. Este paso no te llevará más que un par de minutos. Lo importante es asegurarte de que todos los ingredientes queden bien integrados.

Cubre el bol con un paño y deja reposar 30 minutos a temperatura ambiente. A continuación, vuelca la masa sobre la mesa de trabajo y hazle 2 pliegues con el sistema del reloj. Devuélvela al bol y deja que repose otros 30 minutos.

Repite este proceso un máximo de 5 o 6 veces o hasta que veas que la masa está bien fina.

Cuando acabes el amasado, deja que la masa repose 1 hora más, siempre cubierta con un paño para que no se forme corteza. Luego colócala sobre la mesa y divide en piezas de 80 g. Forma bolas más o menos redondas, pero sin apretar demasiado, y deja que reposen unos 10 minutos a temperatura ambiente.

En este momento, puedes estirar las bolas de masa con un rodillo o bien aplastarlas con la palma de la mano. Si usas el rodillo, saldrán más uniformes, pero con la mano también quedarán bien.

Deja las piezas estiradas en una bandeja (o táper) recubierta con un paño bien espolvoreado con harina de trigo. Guarda el táper en la nevera hasta el día siguiente.

Pasadas entre 12 y 24 horas, coloca las tortitas sobre una bandeja de horno con papel de cocción. Si ves que han subido bien y están fermentadas, clava ligeramente los dedos sobre cada una y, en los huecos, pon unas pequeñas porciones de mantequilla. Después, añade un poco de azúcar moreno por encima de cada tortita.

Hornea a una temperatura de 230 °C (no debes tirar vapor) durante unos 8 minutos aproximadamente.

ESTAS TORTITAS también las puedes usar como panes tiernos para bocadillos, tanto dulces como salados. En este último caso, no pongas el azúcar moreno por encima antes de meterlas en el horno y, en lugar de echar trocitos de mantequilla por encima, puedes pintarlas con un buen aceite de oliva virgen extra.

PANES MUY VEGETALES

Los panes que te proponemos en este capítulo están pensados para proporcionarte un aporte extra de fibra al consumir un buen pan. Tres recetas de pan que son mucho más que pan.

Pan con germinado de lentejas, zanahoria y espinacas

Para 5 panes de 200 gramos

500 g de harina panificable

12 g de sal

250 g de agua

8 g de levadura

125 g de espinacas cocidas y escurridas

90 g de zanahoria troceada

75 g de lentejas cocidas

50 g de germinado de lentejas

Pon a hervir las espinacas y, cuando estén listas, escúrrelas bien y deja que se enfríen. Pela y corta las zanahorias en cuadrados no muy grandes. Escurre también las lentejas cocidas y mezcla todos los ingredientes, junto con el germinado de lentejas. Reserva para después.

Pesa el resto de los ingredientes y mezcla el agua con la levadura y la sal. En un bol, vierte la harina y las espinacas, y añade esta mezcla.

Remueve con la mano (o con una espátula) hasta que se formen grumos. Si ves que la masa queda muy dura, agrega un poco más de agua. Este paso puede durar un par de minutos.

Cubre el bol con un paño y deja reposar a temperatura ambiente durante 30 minutos. Después, vuelca la masa en la mesa de trabajo y hazle 2 pliegues con el sistema del reloj. Devuélvela al bol y deja reposar otros 30 minutos.

Repite este proceso un máximo de 4 veces.

Antes de la última serie de 2 pliegues y reposo, añade la mezcla de espinacas, germinados, lentejas y zanahoria, y haz 2 pliegues más. Deja que repose y, si ves que los vegetales no se han incorporado bien del todo, repite la operación de nuevo.

Terminado el amasado, deja reposar la masa 1 hora, cubierta con un paño. Luego, divide en piezas de 200 g y forma barrotes sin punta y no muy largos.

Déjalos reposar 1 hora en una bandeja (o táper) recubierta con un paño bien enharinado y después guárdalos en la nevera hasta el día siguiente.

Pasadas entre 12 y 24 horas, coloca los panes sobre una bandeja de horno con papel de cocción. Si están muy fríos o poco fermentados, déjalos 1 hora en un lugar cálido y sin corrientes. Una vez listos, hazles un corte transversal y hornea a 220 °C durante 25 minutos con vapor al inicio.

Cuando el pan esté horneado y con un bonito color, deja que se enfríe sobre una rejilla. Para potenciar más su sabor y su valor nutritivo, corta la superficie del pan con la ayuda de unas tijeras y rellena el hueco con una buena cantidad de germinados de lentejas. Verás que esto también le aporta mucha vistosidad y originalidad.

PUEDES HACER ESTE PAN en formato molde y obtendrás unas rebanadas perfectas para elaborar unos estupendos y nutritivos sándwiches vegetales. Además, una vez frío y rebanado, puedes conservarlo en el congelador e ir sacando solo las rebanadas que vayas a consumir. Verás que, bien tapado y protegido, aguanta durante varias semanas sin perder su valor.

Pan con germinados de alfalfa y rúcula

Para 5 panes de 200 gramos

500 g de harina panificable

10 g de sal

350 g de agua

6 g de levadura

60 g de germinados de alfalfa y rúcula

Empieza pesando todos los ingredientes y disolviendo la levadura y la sal en el agua. En un bol, vierte la harina y añade esta mezcla.

Con la mano (o con una espátula de madera), remueve hasta que se formen grumos no excesivamente grandes. Si ves que la masa queda demasiado dura, añade un poco más de agua y vuelve a remover hasta que todos los ingredientes se integren bien. Este proceso solo te llevará un par de minutos.

Cubre el bol con un paño y deja que la masa repose a temperatura ambiente durante 30 minutos.

Pasado ese tiempo, vuelca la masa sobre la mesa de trabajo y hazle 2 pliegues con el sistema del reloj. Vuelve a ponerla en el bol y deja reposar a temperatura ambiente otros 30 minutos.

Repite esta secuencia 3 veces más. Antes de la última serie de 2 pliegues y reposo, añade los germinados de alfalfa y rúcula, y haz los pliegues.

Cuando acabes el amasado, deja que la masa repose 1 hora más, siempre cubierta con un paño para que no se forme corteza.

Luego, divide en piezas de 200 g y forma bolas no excesivamente apretadas. Deja que reposen 1 hora en una bandeja (o táper) recubierta con un paño bien espolvoreado con harina de trigo, y ponla en la nevera hasta el día siguiente.

Después de 12 o 24 horas, coloca los panes sobre una bandeja de horno con papel de cocción. Si observas que el pan está muy frío o poco fermentado, déjalo 1 hora en un lugar cálido y sin corrientes de aire para que acabe de «subir».

Haz un corte en forma de cruz sobre cada pan redondo, usando una cuchilla o un cúter, y hornea a 220 °C con vapor al inicio durante 25 minutos.

Una vez que el pan esté horneado y con un bonito color, deja que se enfríe sobre una rejilla.

Con la ayuda de unas tijeras, corta la parte superficial de cada pan y rellena el hueco con una buena cantidad de germinados de alfalfa y rúcula. Este detalle no solo potencia todavía más su sabor y su valor nutritivo, sino que también le aporta gran vistosidad y originalidad.

CON ESTA MISMA MASA, también puedes elaborar panecillos individuales, de unos 80 g de peso, que serán ideales para unos desayunos bien sanos y ricos. Rellena estos panecillos con jamón dulce, aguacate y aceite de oliva, y será una combinación extraordinaria.

Pan de soja texturizada

Para 6 panes de 200 gramos
500 g de harina panificable
10 g de sal
325 g de agua
6 g de levadura
150 g de soja texturizada
300 g de agua

Primero, pesa 150 g de soja texturizada y 300 g de agua. Mézclalos bien y deja que reposen al menos 2 horas para que la soja se hidrate y ablande. Reserva esta preparación para más adelante.

Pesa el resto de los ingredientes y mezcla el agua con la levadura y la sal. Vierte la harina en un bol y añade esta mezcla.

Remueve con la mano (o con una espátula) hasta que se formen grumos. Si la masa queda muy dura, agrega un poco más de agua y continúa removiendo hasta que todo esté bien integrado. Este paso puede durar un par de minutos.

Cubre el bol con un paño y deja reposar la masa a temperatura ambiente durante 30 minutos.

Pasado ese tiempo, pon la masa sobre la superficie de trabajo y hazle 2 pliegues con el sistema del reloj. Devuélvela al bol y deja reposar 30 minutos.

Repite esta operación 3 veces más.

Cuela la soja remojada y déjala escurrir bien, reservando una pequeña parte para decorar los panes.

Antes de la última ronda de 2 pliegues y reposo, añade la soja escurrida, haz los pliegues y deja reposar.

Cuando termines el amasado, deja la masa 1 hora más cubierta con un paño para evitar que se forme corteza.

Luego, divídela en piezas de 200 g y forma barrotes sin punta y no excesivamente largos. Pinta los panes con agua usando un pincel y rebózalos con la soja que reservaste antes. Intenta que se adhiera a la masa la mayor cantidad posible de soja, ya que esto hará que el pan sea más vistoso y nutritivo.

Coloca los panes en una bandeja (o táper) recubierta con un paño bien espolvoreado con harina de trigo y déjalos reposar 1 hora a temperatura ambiente. Después, guárdalos en la nevera hasta el día siguiente.

Transcurridas entre 12 y 24 horas, coloca los panes sobre una bandeja de horno con papel de cocción. Si observas que todavía están muy fríos o poco fermentados, déjalos 1 hora más en un lugar cálido y sin corrientes de aire.

Haz un corte transversal sobre cada pan con la cuchilla o el cúter y hornea a 220 °C con vapor al inicio durante 25 minutos.

PUEDES MEZCLAR la soja con germinados como en la receta anterior. Las combinaciones de este tipo siempre suman y hacen que tus panes sean todavía más originales y nutritivos.

Piensa que en panadería no hay nunca recetas cerradas: todas las de este libro acaban siendo ideas a partir de las cuales podrás desarrollar tus propios panes.

PANES EN MOLDE

Los panes de este capítulo se caracterizan por tener un formato muy fácil y una corteza muy suave y blanda, distinta a la de otros panes, que resulta de la cocción dentro de un molde. Su conservación es muy buena y son ideales para congelar.

Pan de molde clásico

Para 3 moldes de 280 gramos

500 g de harina panificable

10 g de sal

325 g de agua

5 g de levadura

Empieza pesando todos los ingredientes de la receta. Mezcla el agua con la levadura y la sal, procurando que se disuelvan bien. A continuación, vierte la harina en un bol y añade esta mezcla poco a poco.

Remueve con la mano (o con una espátula de madera) hasta que se formen grumos no excesivamente grandes. Si notas que la masa queda muy dura, ajusta la cantidad de agua, agregando un poco más y volviendo a remover hasta que se integre por completo. Este proceso puede llevarte 1 o 2 minutos como máximo.

Cubre el bol con un paño y deja que la masa repose a temperatura ambiente durante 30 minutos.

Transcurrido ese tiempo, vuelca la masa sobre la mesa de trabajo y hazle 2 pliegues siguiendo el sistema del reloj. Luego, vuelve a colocar la masa en el bol y deja que repose a temperatura ambiente otros 30 minutos.

Repite esta operación de pliegues y reposo un máximo de 4 o 5 veces o hasta que veas que la masa está bien fina.

Cuando acabes el amasado, deja que la masa repose 1 hora más a temperatura ambiente, cubierta con un paño para que no se forme corteza.

Divide la masa en piezas de 280 g y dales forma de barrotes sin punta. Colócalos dentro del molde ligeramente pintado con aceite de oliva (para hacer los de la foto utilizamos un molde de aluminio de 10 cm de ancho por 17 cm de largo y 4 cm de alto). Déjalos 1 hora a temperatura ambiente. Después, tapa los moldes con un paño y guárdalos en la nevera hasta el día siguiente.

Al día siguiente, saca los moldes de la nevera. Si observas que el pan está muy frío o poco fermentado, déjalo 1 hora en un lugar cálido y sin corrientes de aire, para que acabe de «subir» antes de meterlo en el horno.

Enciende el horno para calentarlo bien y, cuando esté listo, haz un corte a lo largo del molde con la cuchilla o el cúter. Hornea a una temperatura de 210 °C con vapor al inicio durante un total de 25 minutos.

TAMBIÉN PUEDES ELABORAR panes de molde redondos utilizando moldes de esa forma o cualquier otra que prefieras. El resultado será un pan original y fácil de formar, ya que siempre adquiere la forma del propio molde en el que fermenta.

Pan de molde con extra de chocolate blanco y naranja

Para 4 moldes de 280 gramos

500 g de harina panificable

10 g de sal

325 g de agua

10 g de levadura

100 g de chocolate blanco en gotas o trozos pequeños

90 g de naranja confitada en dados

Pesa y reserva para después el chocolate blanco y la naranja confitada en dados. Si no tienes gotas de chocolate blanco, corta trocitos pequeños de una tableta de este chocolate; funcionará igual de bien.

En un bol, vierte la harina y añade la mezcla de agua, levadura y sal. Remueve con la mano (o con una espátula) hasta que se formen grumos. Si ves que la masa queda muy dura, agrega un poco más de agua y remueve hasta que se integre bien. Este paso puede durar un par de minutos.

Cubre el bol con un paño y deja reposar a temperatura ambiente durante 30 minutos. Pasado ese tiempo, vuelca la masa en la mesa de trabajo y hazle 2 pliegues con el sistema del reloj. Devuélvela al bol y deja que repose otros 30 minutos.

Repite este proceso un máximo de 4 o 5 veces, o hasta que notes que la masa está bien fina. Antes del último pliegue, añade la mezcla de chocolate blanco y dados de naranja confitados. Haz 2 pliegues seguidos y deja reposar la masa 30 minutos para que se integre correctamente.

Cuando termines de amasar, deja que la masa repose 1 hora más, siempre cubierta con un paño para que no se forme corteza.

Divide en piezas de 280 g y forma barrotes sin punta. Ponlos dentro del molde ligeramente pintado con aceite de oliva (para hacer los de la foto utilizamos un molde de aluminio de 10 de ancho por 17 de largo y 4 de alto). Tápalos con un paño y guárdalos en la nevera hasta el día siguiente.

Al sacarlos, déjalos 1 hora más a temperatura ambiente. Haz un corte a lo largo del molde y hornea a 210 °C con vapor al inicio durante aproximadamente 25 minutos.

Derrite el chocolate con mucho cuidado (a baja potencia si lo haces en el microondas) y remueve bien para que se enfríe un poco. Cuando los panes de molde estén completamente fríos, baña cada uno con el chocolate fundido. Antes de que el chocolate se seque, pon una rodaja de naranja encima y ya tendrás los moldes listos para hacer una bonita presentación.

LA MEZCLA de chocolate negro con naranja es muy apreciada por el contraste de sabores que ofrece.

Prueba a añadir nueces, almendras tostadas u otros frutos secos. Verás que todas las combinaciones funcionan bien.

También puedes jugar con la cantidad de chocolate y frutos secos que utilizas; siempre hay a quien le gustan los panes más cargados y quien los prefiere más ligeros.

Pan de molde de 4 quesos

Para 4 moldes de 280 gramos

500 g de harina panificable

10 g de sal

325 g de agua

8 g de levadura

80 g de queso emmental rallado

60 g de queso cheddar cortado en dados

40 g de queso gorgonzola o similar

40 g de queso manchego cortado en dados

Empieza pesando todos los ingredientes y disolviendo la levadura y la sal en el agua. Mezcla en un bol los 4 quesos y resérvalos en la nevera.

En otro bol, vierte la harina y añade la preparación de agua, levadura y sal. Remueve con la mano (o con una espátula) hasta que se formen grumos. Si ves que la masa queda muy dura, agrega un poco más de agua y mezcla de nuevo hasta que se integre bien. Este paso te llevará solo un par de minutos.

Cubre el bol con un paño y deja reposar la masa durante 30 minutos a temperatura ambiente.

Pasado ese tiempo, vuelca la masa en la superficie de trabajo y hazle 2 pliegues siguiendo el sistema del reloj. Devuélvela al bol y deja reposar otros 30 minutos.

Repite esta secuencia un máximo de 4 o 5 veces o hasta que veas que la masa está bien fina.

Antes del último pliegue, añade la mezcla de los 4 quesos, haz 2 pliegues seguidos y deja reposar 30 minutos para que se integren bien.

Cuando termines el amasado, deja que la masa repose a temperatura ambiente 1 hora más, siempre cubierta con un paño para evitar que se forme corteza.

Luego, divide la masa en piezas de 280 g y forma barrotes sin punta. Ponlos dentro del molde ligeramente pintado con aceite de oliva (para hacer los de la foto utilizamos un molde de aluminio de 10 de ancho por 17 de largo y 4 de alto).

Déjalos 1 hora a temperatura ambiente para que fermenten y después guárdalos en la nevera tapados con un paño hasta el día siguiente.

Saca los moldes de la nevera y, si observas que el pan está muy frío o poco fermentado, déjalo 1 hora en un lugar cálido y sin corrientes de aire.

Cuando esté listo, haz un corte a lo largo del molde y esparce una generosa cantidad de queso emmental o de algún queso especial para gratinar.

Hornea a 210 °C con vapor al inicio durante 25 minutos.

CON LA MISMA MASA y siguiendo el mismo procedimiento, también puedes hacer unos panecillos de queso, de unos 80 g, que serán ideales para el bocadillo del almuerzo de media mañana combinados con un poco de jamón dulce o pavo.

Debes hornearlos poco tiempo para que mantengan toda la esponjosidad y suavidad propia de este tipo de panes.

Pan de molde de Viena con gotas de chocolate

Para 4 moldes de 280 gramos

500 g de harina panificable

10 g de sal

25 g de mantequilla

25 g de azúcar

25 g de leche en polvo

350 g de agua

10 g de levadura

125 g de gotas de chocolate

Pesa todos los ingredientes y mezcla el agua con la levadura y la sal. En un bol, vierte la harina, el azúcar, la leche en polvo y la mantequilla (cortada en cubitos pequeños), y añade esa mezcla.

Remueve con la mano (o con una espátula de madera) hasta que se formen grumos no excesivamente grandes. Si notas que la masa está muy dura, ajusta la cantidad de agua agregando un poco más y removiendo hasta que todos los ingredientes queden bien integrados. Este proceso no debería durar más de 1 o 2 minutos.

Cubre el bol con un paño y deja que la masa repose a temperatura ambiente durante 30 minutos.

Pasado ese tiempo, colócala sobre la mesa de trabajo y hazle 2 pliegues usando el sistema del reloj. Devuélvela al bol y deja que repose otros 30 minutos.

Repite esta operación un máximo de 4 o 5 veces o hasta que veas que la masa está bien fina.

Antes del último pliegue, añade las gotas de chocolate. Realiza 2 pliegues más y deja reposar la masa otros 30 minutos.

Una vez finalizado el amasado, deja que la masa repose 1 hora a temperatura ambiente y cúbrela con un paño para que no se forme corteza.

Luego, divide en piezas de 280 g y dales forma de barrotes sin punta. Ponlos dentro del molde ligeramente pintado con aceite de oliva (para hacer los de la foto utilizamos un molde de aluminio de 10 de ancho por 17 de largo y 4 de alto). Tápalos con un paño y guárdalos en la nevera hasta el día siguiente.

Al día siguiente, saca los moldes de la nevera y déjalos reposar durante 1 hora a temperatura ambiente para que acaben de fermentar.

Enciende el horno para calentarlo bien y, cuando esté listo, hornea los panes a 210 °C con vapor al inicio durante 20 minutos.

SI QUIERES CONSERVAR este pan de molde en perfectas condiciones durante 3 o 4 días, guárdalo bien tapado en una bolsa de plástico para que no se seque. Al tratarse de un pan parecido a un bollo, el plástico le confiere la humedad necesaria para que se mantenga fresco y tierno.

Si quieres alargar todavía más la conservación, nuestra recomendación es que lo congeles, envuelto también en plástico.

Pan de molde energético

Para 4 moldes de 280 gramos
500 g de harina panificable
10 g de sal
325 g de agua
12 g de levadura
100 g de orejones
100 g de ciruelas sin hueso
100 g de nueces

Para empezar, pesa todos los ingredientes de la receta y mezcla el agua con la levadura y la sal.

Corta los orejones y las ciruelas por la mitad y mézclalas con las nueces. Reserva esta mezcla para más adelante.

En un bol, vierte la harina y añade la mezcla de agua, levadura y sal. Remueve con la mano (o con una espátula) hasta que se formen grumos. Si ves que la masa queda muy dura, agrega un poco más de agua y sigue removiendo hasta que se integre bien. Este paso puede durar 1 o 2 minutos.

Cubre el bol con un paño y deja reposar la masa a temperatura ambiente durante 30 minutos.

Pasado ese tiempo, vuelca la masa en la mesa de trabajo y hazle 2 pliegues con el sistema del reloj. Devuélvela al bol y deja que repose otros 30 minutos.

Repite este proceso entre 4 o 5 veces, o hasta que veas que la masa está bien fina.

Antes del último pliegue, añade la mezcla de frutos secos. Haz 2 pliegues más y deja que repose 30 minutos.

Cuando acabes el amasado, deja que la masa repose 1 hora, cubierta con un paño para evitar que se forme corteza.

Divide la masa en piezas de 280 g y forma barrotes sin punta. Ponlos dentro del molde ligeramente pintado con aceite de oliva (para hacer los de la foto utilizamos un molde de aluminio de 10 de ancho por 17 de largo y 4 de alto), tápalos con un paño y guárdalos en la nevera hasta el día siguiente.

Al día siguiente, saca los moldes de la nevera y déjalos 1 hora a temperatura ambiente, especialmente si la masa está fría o poco fermentada. Haz un corte a lo largo de cada pan y hornéalos a 210 °C con vapor al inicio un total de 25 minutos.

Cuando los panes de molde estén fríos, puedes espolvorear un poco de azúcar lustre (molido) por encima para darles un toque diferente.

SI QUIERES ELABORAR un pan aún más energético, que sea más parecido a una barrita energética que a un pan de molde, duplica la cantidad de frutos secos o añade otros variados, de manera que tengas el doble de frutos secos respecto a la receta original. A final, habrá más frutos secos que pan, pero eso le conferirá una textura especial que hará que comerlo sea una experiencia diferente.

Pruébalo y verás como, aunque la forma no quede tan perfecta debido a la gran cantidad de frutos secos, el sabor sigue siendo excelente.

PANES MUY INTEGRALES

Panes con un aporte extra de fibra proveniente tanto del vegetal en sí como de otros alimentos de alto valor nutricional, como puedan ser los frutos secos.
Otra serie de panes que siempre conviene tener en cuenta para ayudar a mantener una alimentación equilibrada.

Pan de espelta y centeno

Para 4 panes de 200 gramos
250 g de harina de espelta integral
250 g de harina de centeno integral
10 g de sal
400 g de agua
5 g de levadura

Pesa todos los ingredientes y disuelve la levadura y la sal en el agua. En un bol, vierte la mezcla de las dos harinas y añade la preparación de agua, levadura y sal.

Remueve con la mano (o con una espátula) hasta que se formen grumos no demasiado grandes. Si ves que la masa queda muy dura, agrega un poco más de agua y vuelve a mezclar hasta que todos los ingredientes estén bien integrados. Este proceso puede durar 1 o 2 minutos como máximo.

Cubre el bol con un paño y deja que la masa repose a temperatura ambiente durante 30 minutos.

Pasado el tiempo de reposo, extiende la masa sobre la superficie de trabajo y hazle 2 pliegues con el sistema del reloj. Luego, vuelve a colocarla en el bol y deja que repose otros 30 minutos.

Repite esta operación un máximo de 4 o 5 veces, o hasta que notes que la masa está fina.

Verás que, a diferencia de las otras masas que elaboramos con harina de trigo, esta, al contener tanta harina de centeno, es más difícil de amasar y nunca llega a formar una estructura como la del resto. Esto es una consecuencia normal del amasado de panes con un porcentaje elevado de harina de centeno.

Cuando termines el amasado, deja que la masa repose a temperatura ambiente 1 hora, cubierta con un paño para que no se forme corteza.

Después, divide la masa en porciones que ronden los 200 g y forma bolas lo más redondas posible. Usa la técnica de los pliegues con el sistema del reloj, pero pliega con suavidad.

Coloca el pan en una bandeja (o táper) recubierta con un paño bien espolvoreado con harina de trigo y guárdalo en la nevera hasta el día siguiente.

Pasadas entre 12 y 24 horas, pon las bolas de masa sobre una bandeja de horno cubierta con papel de cocción. Si observas que están muy frías o poco fermentadas, déjalas 1 hora en un lugar cálido y sin corrientes de aire, para que acaben de «subir» antes de meterlas en el horno.

Enciende el horno para calentarlo bien y, cuando esté listo, espolvorea un poco de harina de centeno sobre los panes. Haz cortes en forma de cruz en la superficie con la cuchilla o el cúter, y hornea a 220 °C con vapor al inicio durante 30 minutos.

ESTE PAN también es maravilloso en formato molde y combinado con otros ingredientes, especialmente frutos secos o incluso chocolate negro. Puedes ir probando hasta que encuentres la mezcla que hará que siempre quieras tener este pan en casa.

Pan integral con avena tostada y muesli de frutas

Para 4 panes de 250 gramos
500 g de harina integral
10 g de sal
400 g de agua
5 g de levadura
75 g de copos de avena tostados
75 g de muesli de frutas

Calienta el horno a 100-200 °C y tuesta los copos de avena. Cuando estén dorados, déjalos enfriar y mézclalos con el muesli de frutas. Reserva para después.

Pesa todos los ingredientes y mezcla el agua con la levadura y la sal. En un bol, vierte la harina integral y añade esta mezcla.

Remueve con la mano (o con una espátula) hasta que se formen grumos. Si la masa queda muy dura, agrega un poco más de agua y remueve hasta que se integre bien. Este paso te llevará un par de minutos.

Cubre el bol con un paño y deja reposar a temperatura ambiente durante 30 minutos.

Pasado ese tiempo, vuelca la masa en la mesa de trabajo y hazle 2 pliegues con el sistema del reloj. Devuélvela al bol y deja que repose otros 30 minutos.

Repite este proceso 3 veces.

Antes de la cuarta serie de pliegues, extiende la masa sobre la mesa y pon en el centro la mezcla de avena tostada y muesli. Ahora haz 2 pliegues, corta la masa por la mitad con un cuchillo, vuelve a unir los trozos y realiza 1 pliegue más. Deja que repose 30 minutos.

Haz un último pliegue con el sistema del reloj y deja la masa descansar 1 hora a temperatura ambiente. Verás que la mezcla de avena tostada y muesli se ha mezclado perfectamente con la masa.

Cuando acabes el amasado, deja que la masa repose 1 hora más, cubierta con un paño para que no se forme corteza.

Divide la masa en piezas de 200 g y forma barrotes sin punta. Píntalos con un pincel con agua fría y rebózalos con copos de avena crudos, intentando que queden bien pegados. Pon los panes en una bandeja (o táper) recubierta con un paño bien espolvoreado con harina de trigo y déjala en la nevera hasta el día siguiente.

Después de 12-24 horas, coloca los panes sobre una bandeja de horno con papel de cocción. Si todavía están muy fríos o poco fermentados, déjalos 1 hora en un lugar cálido y sin corrientes de aire.

Mientras precalientas el horno, haz un corte a lo largo del pan con la cuchilla o el cúter y hornea a 220 °C con vapor al inicio durante 25 minutos aproximadamente.

SI VES que a los tuyos no les acaban de gustar los panes integrales, puedes elaborar esta receta con una harina blanca o incluso mezclar harina blanca panificable con harina integral en la proporción que creas conveniente. Como hemos comentado en alguna ocasión, las recetas en panadería nunca son cerradas y están abiertas a muchas posibilidades.

Pan integral con salvado de trigo tostado

Para 5 panes de 200 gramos

500 g de harina integral

10 g de sal

350 g de agua

5 g de levadura

80 g de salvado de trigo

80 g de agua

50 g de salvado para decorar

Para comenzar, enciende el horno y tuesta 80 g de salvado poniéndolo en una lata de hornear.

Cuando esté bien tostado, mézclalo con 80 g de agua fría. Deja esta mezcla durante 30 minutos como mínimo para que el salvado se hidrate; esto hará que tus panes integrales sean más tiernos y se conserven mejor durante más tiempo. Puedes hacer esta operación el día anterior y guardar en la nevera.

Pesa el resto de los ingredientes de la receta y mezcla el agua con la levadura y la sal. En un bol, vierte la harina integral, el salvado remojado y añade esta mezcla.

Remueve con la mano (o con una espátula) hasta que se formen grumos no excesivamente grandes. Si notas que la masa está muy dura, agrega un poco más de agua y vuelve a remover hasta que todos los ingredientes queden integrados por completo. Este proceso puede durar 1 o 2 minutos como máximo.

Cubre el bol con un paño y deja que la masa repose a temperatura ambiente durante 30 minutos.

Pasado el tiempo de reposo, vuelca la masa sobre la mesa de trabajo y hazle 2 pliegues con el sistema del reloj. Devuélvela al bol y deja que repose otros 30 minutos.

Repite este proceso como mínimo 5 veces.

Cuando hayas terminado, divide la masa en piezas de 200 g y forma barrotes sin punta. Píntalos con un pincel con agua fría y rebózalos con salvado de trigo (sin tostar) para decorar tus panes. Asegúrate de que el salvado quede bien pegado a la masa.

Ahora coloca el pan en una bandeja (o táper) recubierta con un paño bien espolvoreado con harina de trigo y guárdalo en la nevera hasta el día siguiente.

Transcurridas entre 12 a 24 horas, deja que los panes reposen 1 hora a temperatura ambiente y colócalos sobre una bandeja de horno cubierta con papel de cocción.

Mientras enciendes el horno, haz un corte a lo largo del pan con la cuchilla o el cúter y hornea a 220 °C con vapor al inicio durante un total de 25 minutos.

AÑADE A ESTE pan integral unos frutos secos, como orejones o ciruelas, junto con unas avellanas tostadas, y obtendrás un pan con un aporte aún mayor de fibra vegetal. Será ideal para todo tipo de personas, pero especialmente indicado para deportistas y para quienes siguen dietas ricas en fibra, vitaminas y otros nutrientes.

«Pastel» integral de frutos secos

Para 4 panes de 400 gramos
500 g de harina integral
10 g de sal
350 g de agua
15 g de levadura
200 g de orejones
200 g de higos
200 g de ciruelas sin hueso
200 g de nueces o avellanas o almendras

Primero, corta por la mitad los orejones, las ciruelas y los higos. Añade las nueces y reserva esta mezcla para después.

Pesa el resto de los ingredientes y disuelve la levadura y la sal en el agua. En un bol, vierte la harina integral y añade esta mezcla.

Remueve con la mano (o con una espátula) hasta que se formen grumos. Si ves que la masa queda muy dura, agrega un poco más de agua y vuelve a remover hasta que se integre bien. Este proceso puede durar 1 o 2 minutos como máximo.

Cubre el bol con un paño y deja que la masa repose a temperatura ambiente durante 30 minutos.

Transcurrido ese tiempo, vuelca la masa en la superficie de trabajo y hazle 2 pliegues con el sistema del reloj. Devuelve la masa al bol y deja reposar otros 30 minutos.

Repite esta secuencia un máximo de 4 o 5 veces, o hasta que veas que la masa está bien fina.

Antes del último pliegue, añade la mezcla de frutos secos. Haz 2 pliegues seguidos y deja reposar 30 minutos. Verás que es una operación complicada por la gran cantidad de frutos secos que hay, por lo que no te preocupes porque es normal que no se integren bien.

Cuando acabes el amasado, deja reposar la masa 1 hora, cubierta con un paño para que no se forme corteza.

Divídela en piezas de 400 g y forma bolas de masa. Cuando las tengas más o menos boleadas, aplástalas con la mano y ponlas en un molde redondo de bizcocho de aproximadamente 20 cm. Pinta antes los moldes con un poco de mantequilla fundida o bien fórralos con papel de cocción para que el pan no se pegue al sacarlo del horno.

Ahora deja los moldes con el pan envuelto con film transparente en la nevera hasta el día siguiente.

Pasadas entre 12 y 24 horas, coloca los panes sobre una bandeja de horno cubierta con papel de cocción y déjalos 1 hora a temperatura ambiente. Si observas que están muy fríos o poco fermentados, déjalos 1 hora en un lugar cálido y sin corrientes de aire.

Enciende el horno para calentarlo bien y, cuando esté listo, hornea a 220 °C con vapor al inicio durante 25 minutos.

PUEDES SERVIR este pan acompañado de yogur y miel para tener un desayuno rico en fibra, lácteos e hidratos de carbono.

Es mejor que conserves este pan tapado con plástico y en la nevera, para evitar que se seque en exceso. Así guardado, se va a conservar tierno hasta una semana.

PANES SIN GLUTEN

Tres panes cuya característica principal es que están elaborados con harinas sin gluten. Seguro que, aunque no seas celíaco, te van a sorprender muy gratamente cuando los pruebes.

Pan de arroz

Para 2 moldes de 350 gramos
500 g de arroz (puede ser integral)
10 g de sal
200 g de agua templada
25 g de aceite de oliva virgen extra
4 g de levadura
15 g de azúcar (opcional)
5 g de psyllium

En primer lugar, cubre el arroz con agua y déjalo así en remojo durante 12 horas.

Mientras tanto, mezcla el agua con el psyllium y la levadura, y deja que repose durante 20 minutos.

Pasado el tiempo de reposo, escurre el arroz y ponlo junto con el resto de los ingredientes de la receta en la licuadora. Añade también la mezcla de psyllium, agua y levadura.

Licua todo el conjunto durante 5 o 6 minutos, procurando que no queden granos de arroz sin licuar y vigilando que toda la masa esté bien fina.

A continuación, pinta moldes de aluminio con un poco de aceite de oliva y llénalos hasta la mitad de su capacidad con la masa resultante del licuado.

Deja fermentar en un lugar sin corrientes de aire hasta que a la masa le falte un dedo para llegar a la parte de arriba del molde, sin salirse.

Enciende el horno para calentarlo bien y, cuando esté listo, espolvorea un poco de harina de arroz sobre el pan.

Hornea a una temperatura de 210 °C con vapor al inicio durante 35 minutos. En este caso, dependerá del tamaño del molde: a mayor tamaño, menor temperatura del horno y más tiempo de horneado.

SI TIENES un termómetro de masas, puedes clavarlo dentro del pan cuando este esté todavía en el horno, para verificar que la temperatura interior se encuentra en torno a los 94 °C. Esta temperatura implica que la miga está bien gelatinizada y que puedes sacar el pan sin miedo a que quede crudo por dentro.

Pan de mezcla de harinas sin gluten y semillas

Para 5 moldes de 300 gramos

200 g de harina de arroz integral
200 g de harina de trigo sarraceno
100 g de harina de garbanzo
14 g de sal
750 g de agua caliente templada
6 g de levadura
10 g de psyllium
20 g de maicena
40 g de pipas de calabaza
40 g de sésamo
40 g de lino marrón
120 g de agua

Empieza calentando el horno para tostar las semillas. Cuando estén listas, sin dejarlas enfriar, mézclalas con la misma cantidad de agua fría.

Remueve y deja que la mezcla repose durante un mínimo de 3 horas (puedes hacer esto la noche anterior).

Pasado ese tiempo, mezcla primero los ingredientes secos, es decir, las tres harinas (arroz, sarraceno y garbanzos), la sal y la maicena.

Por otro lado, mezcla el agua templada con la levadura, la mezcla de semillas tostadas y el psyllium. Remueve esta preparación y deja que repose durante 20 minutos.

Después, añade esta última mezcla al bol con las harinas, la sal y la maicena, y con una cuchara de madera remueve bien para asegurarte de que no vayan a formarse grumos demasiado grandes. Si la masa queda muy dura, añade más agua templada; lo más importante es conseguir una textura parecida a la de una bechamel, fina, sin grumos y ni muy dura ni excesivamente líquida.

Cuando tengas la masa lista, llena un molde rectangular hasta tres cuartas partes de su capacidad. Alisa un poco la masa con una cuchara ligeramente húmeda.

Deja fermentar el pan durante 1.30 horas a temperatura ambiente en un lugar resguardado de corrientes de aire. El horno apagado podría ser un buen lugar, aunque, si hace mucho frío, quizá tengas que encenderlo 3 o 4 minutos para que adquiera un poco de temperatura.

Enciende el horno para calentarlo bien y, cuando esté listo, espolvorea un poco de harina de arroz sobre el pan y haz un corte a lo largo con la cuchilla o el cúter.

Hornea a una temperatura de 220 °C con vapor al inicio durante 35 minutos, siempre en función del tamaño del molde: a mayor tamaño, menor temperatura del horno y más tiempo de horneado.

COMO EN CASI TODOS los panes de este libro, puedes «jugar» a crear tus propias mezclas de harinas para conseguir panes parecidos pero diferentes a la vez. Ya sabemos que en panadería hay muy pocas reglas escritas, y en este caso cambiar las proporciones de las harinas y las semillas va a ser un aliciente para superarte un poco más cada día y elaborar panes con personalidad propia.

Pan de trigo sarraceno con lino remojado

Para 5 moldes de 300 gramos
500 g de harina de trigo sarraceno
12 g de sal
450 g de agua caliente a unos 38-40 °C
10 g de levadura
10 g de psyllium
125 g de lino
125 g de agua

Como mínimo 3 horas antes de empezar a elaborar este pan (mejor si lo haces el día anterior y dejas la mezcla en la nevera), mezcla el lino con el agua, remueve y deja que se hidrate.

Para preparar la masa, primero mezcla en un bol los ingredientes secos, es decir, la harina de trigo sarraceno y la sal.

Paralelamente, desmenuza y mezcla la levadura con el psyllium, incorpora también el agua templada y remueve hasta que los ingredientes estén integrados. Deja que repose unos 20 minutos.

Añade esta última mezcla al bol con la harina de trigo sarraceno y el lino remojado y, con una cuchara de madera, remueve todo muy bien para asegurarte de que no van a formarse grumos demasiado grandes.

Si la masa queda muy dura, añade más agua templada. Lo más importante es conseguir una textura parecida a la de una bechamel, fina, sin grumos y ni muy dura ni excesivamente líquida.

Cuando tengas la masa lista, llena un molde rectangular hasta tres cuartas partes de su capacidad. Alisa un poco la masa con una cuchara ligeramente húmeda y esparce unas semillas de lino por encima.

Deja fermentar el pan durante 1.30 horas a temperatura ambiente en un lugar resguardado de corrientes de aire. El horno apagado podría ser un buen lugar, aunque, si hace mucho frío, quizá tengas que encenderlo 3 o 4 minutos para que adquiera un poco de temperatura.

Enciende el horno para calentarlo bien y, cuando esté listo, haz un corte a lo largo del pan con la cuchilla o el cúter.

Hornea a una temperatura de 220 °C con vapor al inicio durante 35 minutos, siempre en función del tamaño del molde: a mayor tamaño, menor temperatura del horno y más tiempo de horneado.

ESTE PAN en formato molde es ideal para congelarlo. Para ello, cuando esté totalmente frío, corta rebanadas muy finas con un cuchillo de sierra, sepáralas y envuélvelas individualmente lo más herméticamente que puedas con film transparente. Ya estarán listas para tenerlas en el congelador como mínimo 3 semanas en perfectas condiciones.

Cada vez que quieras desayunar una tostada de pan de trigo sarraceno, sácala del congelador, quítale el film y ponla directamente en la tostadora.

Milford Haven Telegraph

Wrexham and

PANES A LA PLANCHA

Panes para los que temen el momento del horneado. Al estar acabados en la plancha, puedes darles el toque de cocción que prefieras y así buscar texturas más o menos esponjosas. En todo caso, seguro que los tuyos los agradecen mucho.

Pan de pita

Para 12 pitas de 60 gramos
500 g de harina panificable
10 g de sal
300 g de agua
5 g de levadura

Pesa todos los ingredientes de la receta y mezcla el agua con la levadura y la sal. En un bol, vierte la harina y añade esta mezcla.

Remueve con la mano (o con una espátula de madera) hasta que se formen grumos no excesivamente grandes. Si ves que la masa queda muy dura, ajusta la cantidad de agua, agregando un poco más y volviendo a remover hasta que todos los ingredientes se integren bien.

En todo caso, debe quedar una masa más bien consistente, tirando a firme. Este proceso puede durar 1 o 2 minutos como máximo.

Cubre el bol con un paño y deja que la masa repose a temperatura ambiente durante 30 minutos.

Pasado el tiempo de reposo, vuelca la masa en la mesa de trabajo y hazle 2 pliegues con el sistema del reloj, tal como se explica en el capítulo referente al amasado. Devuelve la masa al bol y déjala reposar a temperatura ambiente otros 30 minutos.

Repite esta operación de 2 pliegues y reposo un máximo de 4 o 5 veces, o hasta que veas que la masa está bien fina.

Cuando acabes el amasado, deja que la masa repose 1 hora más, cubierta con un paño para que no se forme corteza.

Una vez lista, divídela en piezas de 60 g y dales forma de bolas. Deja que las futuras pitas fermenten en la nevera, cubiertas con un paño, hasta el día siguiente.

Esparce un poco de harina sobre la superficie de trabajo de tu cocina y, con la ayuda de un rodillo, estira las bolas de masa hasta que tengan un diámetro aproximado de unos 15 cm. Si ves que te cuesta mucho estirar las bolas, déjalas reposar durante 10 minutos más. Verás como después del reposo se estira mejor.

Cuando las tengas todas estiradas, coloca una plancha o una sartén al fuego y, cuando esté bien caliente, ve cocinando las pitas de una en una. Déjala en el fuego durante 1 minuto y, cuando veas que empieza a hincharse, sácala de la plancha caliente y deja que se enfríe.

Ve apilando las pitas una encima de la otra, para que se mantengan húmedas y no se sequen, y ya las tendrás listas.

PUEDES HACER minipitas pesando bolas de 20 o 30 g y haciendo el mismo proceso que se describe en la receta. Serán unas pitas que, una vez rellenas con lo que más te guste, harán las delicias de los más pequeños de la casa, ya que se comen muy rápido y resultan muy «divertidas».

Pan planchado para quesadillas

Para 20 panes para quesadillas de 40 gramos
500 g de harina panificable
10 g de sal
10 g de azúcar
20 g de aceite de oliva virgen extra
300 g de agua
3 g de levadura

Pesa todos los ingredientes y mezcla el agua con la levadura y la sal. En un bol, vierte la harina, el aceite de oliva virgen extra y el azúcar, y añade esa primera mezcla.

Remueve con la mano (o con una espátula) hasta que se formen grumos. Si notas que la masa queda muy dura, agrega un poco más de agua hasta que te quede bien consistente.

Cubre el bol con un paño y deja reposar a temperatura ambiente durante 30 minutos.

Pasado ese tiempo, vuelca la masa en la mesa de trabajo y hazle 2 pliegues con el sistema del reloj. Devuélvela al bol y deja que repose otros 30 minutos.

Repite este proceso entre 4-5 veces, o hasta que veas que la masa está bien fina.

Cuando acabes el amasado, cubre la masa con un paño y déjala reposar 1 hora. Luego, divide en piezas de 40 g y forma bolas de masa. Cúbrelas con un paño y guárdalas en la nevera hasta el día siguiente.

Esparce un poco de harina sobre cada bola y, con la ayuda de un rodillo, aplánalas hasta que tengan un diámetro de unos 25 cm y sean muy finas. Si ves que no consigues estirarlas a la primera, dales un primer estirado y deja que reposen 10 minutos más. Pon harina sobre la mesa para que no se peguen y te sea más fácil.

Cuando las tengas todas aplanadas, pínchalas con un tenedor para evitar que se hinchen en la plancha.

Coloca una plancha o una sartén al fuego con un poco de aceite de oliva. Cuando esté bien caliente, pon las láminas de masa durante un par de minutos por cada lado o hasta que tomen un bonito color. Intenta no dejarlas más tiempo de la cuenta para que no se sequen y queden flexibles.

En cuanto las saques, ve apilándolas para que se mantengan húmedas y no se sequen.

Para conservarlas perfectamente, guárdalas en un táper bien cerrado y a temperatura ambiente cuando estén frías.

PUEDES ELABORAR riquísimas pizzas con estas láminas de masa. Tan solo reparte una base de tomate triturado por encima, un poco de orégano, el ingrediente que más te guste y reparte unos trozos de mozzarella fresca. Calienta el horno a 250 °C, con más potencia en la parte de arriba que en la de abajo, y hornea durante unos pocos minutos hasta que la mozzarella esté derretida.

Si deseas una pizza más crujiente, puedes primero hornear tan solo la base, sin tomate ni nada más, hasta que esté crujiente. Añade después el resto de los ingredientes y aplica la función de grill en tu horno para gratinar la parte de arriba. El resultado te sorprenderá.

Milford Haven Telegraph

Planchaditos de Viena

Para 25/30 planchaditos de 30 gramos
500 g de harina panificable
10 g de sal
50 g de azúcar
40 g de mantequilla
300 g de agua
8 g de levadura

Empieza pesando todos los ingredientes y disolviendo la levadura y la sal en el agua. En un bol, vierte la harina, la mantequilla pomada y el azúcar, y añade la mezcla de agua, levadura y sal.

Remueve con la mano (o con una espátula) hasta que se formen grumos. Si ves que la masa queda muy dura, agrega un poco más de agua y vuelve a remover hasta que se integre bien. En todo caso, debe quedar una masa más bien consistente, tirando a firme. Este proceso puede durar 1 o 2 minutos como máximo.

Cubre el bol con un paño y deja reposar la masa a temperatura ambiente durante 30 minutos.

Pasado el tiempo de reposo, vuelca la masa en la mesa de trabajo y hazle 2 pliegues con el sistema del reloj. Vuelve a colocarla en el bol y deja que repose otros 30 minutos.

Repite esta operación un máximo de 4 o 5 veces, o hasta que veas que la masa está bien fina.

Cuando acabes el amasado, deja reposar la masa 1 hora, cubierta con un paño para que no se forme corteza.

Luego, divide la masa en piezas de 30 g y forma bolas. Cúbrelas con un paño y deja que maduren en la nevera hasta el día siguiente.

Esparce un poco de harina sobre la mesa de trabajo de tu cocina y, con la ayuda de un rodillo, aplana ligeramente las bolas de masa hasta que tengan un diámetro aproximado de unos 5-6 cm. Si no tienes rodillo, también puedes hacerlo con la mano. La idea es que no queden muy finas.

Cuando las tengas todas aplanadas, deja que pierdan el frío durante unos 30 minutos a temperatura ambiente y pon una plancha o una sartén al fuego con un poco de mantequilla.

Cuando la plancha esté bien caliente y la mantequilla se haya fundido por completo, ve cocinando los planchaditos durante un par de minutos por cada cara o hasta que tomen un bonito color.

Ve apilándolos para que se mantengan húmedos y no se sequen.

Para conservarlos perfectamente, guárdalos fríos en un táper bien cerrado y a temperatura ambiente.

CON ESTA MISMA MASA y con el mismo proceso, puedes elaborar unos deliciosos panecillos de Viena. En este caso, cuando los tengas fermentados después de las 24 horas en la nevera, no los aplanes con el rodillo y pásalos tal cual estén a una bandeja de horno con papel sulfurizado (el papel de hornear). Déjalos fermentar 1 hora más a temperatura ambiente, calienta el horno a 230 °C y hornea tus panecillos con vapor durante 7-8 minutos o hasta que veas que empiezan dorarse.

Wrexham and
AND CHESHIRE, SHROPSHIRE
NO. 1.—VOL. I.
WREXHAM, RUABON,
AND LLANGOLLEN
ROADS,
DISTRICT OF
NOTICE IS HEREBY GIVEN,

Tortas de pan muy crujientes

Para 20 tortitas de pan de 40 gramos
500 g de harina panificable
10 g de sal
300 g de agua
50 g de aceite de oliva virgen extra
5 g de levadura

Pesa todos los ingredientes de la receta y mezcla el agua con la levadura y la sal. En un bol, vierte la harina y el aceite de oliva, y añade esa mezcla.

Remueve con la mano (o con una espátula de madera) hasta que se formen grumos no excesivamente grandes. Si ves que la masa queda muy dura, ajusta la cantidad de agua, agregando un poco más y volviendo a remover hasta que se integre bien. En todo caso, debe quedar una masa más bien consistente, tirando a firme. Este proceso puede durar 1 o 2 minutos como máximo.

Cubre el bol con un paño y deja que la masa repose a temperatura ambiente durante 30 minutos.

Pasado el tiempo de reposo, vuelca la masa en la superficie de trabajo y hazle 2 pliegues siguiendo el sistema del reloj. Devuelve la masa al bol y deja que repose a temperatura ambiente otros 30 minutos más.

Repite esta operación de 2 pliegues y reposo un máximo de 4 o 5 veces, o hasta que veas que la masa está bien fina.

Cuando acabes el amasado, deja que la masa repose a temperatura ambiente 1 hora, cubierta con un paño para que no se forme corteza.

A continuación, divide en piezas de 40 g y forma bolas de masa. Una vez las tengas, déjalas reposar en la nevera, cubiertas con un paño, durante 30 minutos.

Esparce un poco de harina sobre la mesa de trabajo de tu cocina y, con la ayuda de un rodillo, estira las bolas de masa hasta que tengan un diámetro aproximado de unos 15 cm. Si ves que te cuesta mucho estirar la masa, déjala reposar 10 minutos más después de estirarla un poco; verás como después del reposo se estira mejor.

Cuando las tengas todas estiradas, pon aceite de oliva en una sartén y, cuando veas que está bien caliente, fríe las tortas de pan durante 3 o 4 minutos por cada lado.

Puedes dejar las tortitas estiradas intercaladas por un papel de horno y apiladas en la nevera para ir friéndolas conforme las vayas necesitando. Incluso puedes congelarlas estiradas, listas para descongelar y freír.

PUEDES HACER FÁCILMENTE la versión dulce de las tortitas de pan; tan solo debes añadir a la masa 35 g de anís en grano y, cuando las saques de la freidora, rebozarlas con azúcar mezclado con un poco de canela en polvo. Verás que quedan muy distintas, pero a la vez muy sabrosas y apetitosas.

MINIPANES

En este capítulo todas las recetas están pensadas para que los panes sean de pequeño formato, ya que son ideales para bocadillos variados y de menor envergadura o para acompañar casi cualquier aperitivo. Puedes probar diferentes tamaños con la misma masa o incluso con diferentes acabados.

Bastoncitos de pan

Para 25 bastoncitos de 30 gramos
500 g de harina panificable
10 g de sal
350 g de agua
5 g de levadura

Empieza pesando todos los ingredientes de la receta. Mezcla el agua con la levadura y la sal, y vierte esta preparación junto con la harina en un bol.

Remueve con la mano (o con una espátula de madera) hasta que se formen grumos no excesivamente grandes. Si ves que la masa queda muy dura, ajusta la cantidad de agua, agregando un poco más y volviendo a remover hasta que se integre bien. Este proceso puede durar 1 o 2 minutos como máximo.

Cubre el bol con un paño y deja que la masa repose a temperatura ambiente durante 30 minutos.

Pasado el tiempo de reposo, vuelca la masa en la mesa de trabajo y hazle 2 pliegues utilizando el sistema del reloj. Devuelve la masa al bol y deja que repose a temperatura ambiente otros 30 minutos.

Repite esta operación de 2 pliegues con el sistema del reloj y reposo de 30 minutos a temperatura ambiente un máximo de 4 o 5 veces, o hasta que veas que la masa está bien fina.

Cuando acabes el amasado, deja que la masa repose a temperatura ambiente 1 hora, siempre cubierta con un paño para que no se forme corteza.

A continuación, divide porciones de masa muy pequeñas, de unos 10 o 15 g, y forma barritas sin punta. No pongas demasiada harina, porque la masa resbalará y no la podrás estirar. Para que puedas trabajarla y estirarla más fácilmente, te recomiendo que pongas unas gotas de aceite.

Si ves que te cuesta estirarlas de una vez, prueba a estirar cada porción de masa solo un poco y déjala que repose unos 10 minutos antes de intentarlo de nuevo.

Cuando tengas los bastoncitos formados, ponlos en una bandeja de horno con papel de cocción, tápalos con film transparente y guárdalos en la nevera hasta el día siguiente.

Enciende el horno para calentarlo bien y, cuando esté listo, hornea 10 minutos a una temperatura de 230 °C con vapor al inicio.

Para más detalles sobre cómo hornear tus panes, lee el apartado correspondiente al horneado.

CUANDO ESTÉS FORMANDO los bastoncitos, puedes rebozarlos con alguna semilla tipo sésamo o pipas de girasol para obtener unos bastoncitos muy sabrosos y originales. Recuerda pulverizarlos con agua antes de añadir es las semillas, para que se queden bien pegadas.

Minichapatinas decoradas

Para 30 minichapatinas de 30 gramos
500 g de harina de fuerza
12 g de sal
450 g de agua
20 g de aceite de oliva virgen extra
5 g de levadura

Semillas para decorar:
sésamo tostado
sésamo negro
lino marrón
lino dorado
amapola
salvado de trigo
pipas de calabaza
pipas de girasol
mijo

Pesa todos los ingredientes y mezcla el agua con la levadura y la sal. En un bol, vierte la harina de fuerza, el aceite de oliva y añade esta mezcla.

Remueve con la mano (o con una espátula) hasta que se formen grumos. En este caso, al tratarse de una masa muy hidratada, deberás mezclar durante un poco más de tiempo.

Cubre el bol con un paño y deja reposar 45 minutos a temperatura ambiente.

Pasado ese tiempo, sin volcar la masa en la mesa, mójate las manos con agua, hazle 2 pliegues con el sistema del reloj y déjala reposar otros 30 minutos. En este caso, no sacaremos la masa del bol en ningún momento del amasado, ya que estará muy blanda.

Siempre con las manos húmedas, repite esta operación de 2 pliegues y reposo unas 5-6 veces, o hasta que veas que la masa está bien fina.

Cuando acabes el amasado, pon la masa en un táper rectangular pintado con aceite de oliva y deja reposar 2 horas. Luego, guarda la masa en la nevera hasta el día siguiente.

Precalienta el horno a la máxima potencia. Mientras tanto, espolvorea un poco de harina panificable (también puedes utilizar sémola de trigo duro) sobre la mesa, vuélcala ayudándote de una rasqueta y, con delicadeza, ve cortando pequeñas piezas más o menos cuadradas y de la medida que prefieras.

Cuando tengas los cuadraditos de masa, pulverízalos con agua y ve rebozándolos aleatoriamente sobre las diferentes semillas. Después, pásalas directamente a una bandeja de hornear con papel de cocción, dejando separación entre cada una.

Si crees que las minichapatinas no están suficientemente fermentadas o ves que están muy frías, déjalas 1 hora a temperatura ambiente.

Hornea a una temperatura de 230 °C con vapor al inicio durante 12 minutos, o hasta que veas que tienen un bonito color.

SI LO DESEAS, puedes hacer minichapatinas con harina integral para tener otra variedad, o bien utilizar la masa de los panecillos de Viena para que queden bien tiernas y esponjosas.

En todo caso, puedes cocerlas un poco menos de lo que indica la receta y congelarlas. Cuando las quieras servir, caliéntalas en el horno a 200 °C durante unos minutos para que vuelvan a quedar calentitas y crujientes.

AND NEWPORT AND SOUTH

Minipanecillos (multiusos)

Para 30 minipanecillos de 30 gramos
500 g de harina panificable
10 g de sal
15 g de aceite de oliva virgen extra
30 g copos de puré de patata
400 g de agua
5 g de levadura

Pesa todos los ingredientes de la receta y mezcla el agua con la levadura y la sal.

En un bol, añade esta mezcla y vierte la harina, el aceite de oliva y los copos de puré de patata.

Remueve con la mano (o con una espátula) hasta que se formen grumos no excesivamente grandes. Es posible que la masa te quede muy dura, ya que los copos de puré de patata absorben gran cantidad de agua. Por ello, si es necesario, añade un poco más de agua y sigue removiendo hasta que tenga una textura agradable. Este proceso puede durar 1 o 2 minutos como máximo.

Cubre el bol con un paño y deja que la masa repose a temperatura ambiente durante 30 minutos.

Pasado el tiempo de reposo, vuelca la masa en la superficie de trabajo y hazle 2 pliegues con el sistema del reloj. Devuélvela al bol y deja que repose otros 30 minutos.

Repite esta operación de 2 pliegues y reposo un máximo de 4 o 5 veces, o hasta que veas que la masa está bien fina.

Cuando acabes el amasado, deja la masa reposar a temperatura ambiente 1 hora, cubierta con un paño para que no se forme corteza.

Luego, divide en piezas de 30 g (o del peso que prefieras, acorde al tamaño de los minipanecillos que quieras elaborar) y forma piezas redondas. Para ello, envuelve el trozo de masa en la mano y, sobre la mesa de trabajo, ve apretando la masa a la vez que volteas la mano. No pongas demasiada harina, porque la masa resbalará y no podrás bolear bien.

Cuando tengas los panecillos formados, ponlos en una bandeja de horno con papel de cocción, cúbrelos con film transparente y guárdalos en la nevera hasta el día siguiente.

Al sacar las barritas de la nevera, déjalas 1 hora a temperatura ambiente. Enciende el horno para calentarlo bien y, cuando esté listo, espolvorea un poco de harina con un colador fino sobre cada uno de los panecillos.

Después, con unas tijeras, haz un corte en forma de cruz sobre cada uno y hornea a una temperatura de 230 °C con vapor al inicio durante 10 minutos para una cocción total.

UNA MANERA SORPRENDENTE de acabar estos minipanecillos es en la típica plancha de los sándwiches mixtos, ya que, a la vez que se regeneran, quedan muy tostados y crujientes. Si en el interior pones una base de queso para que se funda, el resultado es exquisito.

Prueba con diferentes acabados, como por ejemplo rebozando con semillas (lino, sésamo, pipas de calabaza o girasol, amapola ..) después del formado para obtener unos panecillos vistosos y a la vez muy apetitosos.

Minipanes para fondue

Para 2 planchas de 450 gramos de masa cada una
500 g de harina panificable
10 g de sal
20 g de aceite de oliva virgen extra
375 g de agua
6 g de levadura

Pesa todos los ingredientes de la receta y mezcla el agua con la levadura y la sal. En un bol, vierte la harina, el aceite de oliva y añade esta mezcla.

Remueve con la mano (o con una espátula) hasta que se formen grumos. Si ves que la masa queda muy dura, agrega un poco más de agua y vuelve a remover hasta que se integre bien.

Cubre el bol con un paño y deja reposar la masa a temperatura ambiente durante 30 minutos.

Pasado ese tiempo, vuelca la masa en la mesa de trabajo y hazle 2 pliegues con el sistema del reloj. Devuélvela al bol y deja reposar otros 30 minutos.

Repite este proceso 4 o 5 veces, o hasta que veas que la masa está bien fina.

Cuando acabes el amasado, deja que la masa repose 1 hora, cubierta con un paño para que no se forme corteza.

Divide dos porciones de unos 450 g de masa cada uno y estíralos con el rodillo hasta que prácticamente cubran la bandeja de horno. Necesitarás 2 bandejas, una para cada porción de masa. Si quieres hacerla más pequeña, puedes ponerla en una bandeja de aluminio de las que se usan para hacer focaccia.

Pon un papel de horno en la base de cada bandeja y, cuando la masa ya esté estirada de manera regular, tapa con film transparente y déjala en la nevera hasta el día siguiente.

Pasadas entre 12 y 24 horas, deja la masa 1 hora a temperatura ambiente.

Luego, quita el film, espolvorea con suficiente harina y con la rasqueta de plástico haz unas marcas en la masa, como si quisieras cortarla en cuadraditos del tamaño que prefieras (pero no la separes ni la toques, déjala en la misma bandeja).

Enciende el horno para calentarlo bien y, cuando esté listo, hornea a una temperatura de 220 °C con vapor al inicio durante 20 minutos.

Cuando el pan ya esté frío, puedes separar los trocitos siguiendo la marca que hiciste antes de meter la bandeja en el horno o ponerlos en la mesa sin separarlos, y ya los tendrás listos para consumir con la fondue.

Opcionalmente, puedes dejarlos secar un par de días para que no estén tan blandos, aunque esto siempre depende de los gustos de cada uno.

TAMBIÉN ES muy habitual consumir la fondue con pan integral o semiintegral; en este caso, debes seguir los mismos pasos descritos en esta receta, pero cambiando la harina panificable por una harina integral y añadiendo un poco más de agua, ya que la harina integral tiene una mayor absorción de agua que la blanca.

PANES (UN POCO) DULCES

En este capítulo, lo de que «a nadie le amarga un dulce» toma toda su fuerza. Son recetas de panes con muy poca cantidad de azúcar, pero con un toque dulzón que los convierte en una sana opción para cualquier desayuno o merienda. Ideales para combinar con otros panes.

Pan de leche y miel

Para 4 panes de 200 gramos

500 g de harina panificable

12 g de sal

40 g de azúcar

20 g de leche en polvo

25 g de miel

290 g de leche fresca

50 g de mantequilla

10 g de levadura

Empieza pesando todos los ingredientes de la receta, y mezcla la leche con la levadura y la sal.

En un bol, vierte la harina, el azúcar, a leche en polvo, la miel y la mantequilla, y añade la primera mezcla.

Remueve con la mano (o con una espátula de madera) hasta que se formen grumos no excesivamente grandes. Si ves que la masa queda muy dura, ajusta la cantidad de agua agregando un poco más y volviendo a remover hasta que se integre bien. Este proceso puede durar 1 o 2 minutos como máximo.

Cubre el bol con un paño y deja que la masa repose a temperatura ambiente durante 30 minutos.

Pasado el tiempo de reposo, vuelca la masa en la mesa de trabajo y hazle 2 pliegues con el sistema del reloj. Devuélvela al bol y deja que repose a temperatura ambiente otros 30 minutos.

Repite esta operación de 2 pliegues y reposo un máximo de 4 o 5 veces, o hasta que veas que la masa está bien fina.

Cuando acabes el amasado, deja que la masa repose a temperatura ambiente 1 hora, cubierta con un paño para que no se forme corteza.

Divide en piezas de 200 g y forma barrotes cortos sin punta. No pongas demasiada harina en la mesa de trabajo, porque la masa resbalará y no podrás formar bien los panes.

Cuando los tengas, colócalos en una bandeja de horno con papel de cocción. Con un cúter o un cuchillo fino, haz cortes profundos, cúbrelos con un paño y guárdalos en la nevera hasta el día siguiente.

Saca los panes de la nevera y déjalos 1 hora a temperatura ambiente.

Enciende el horno para calentarlo bien y, cuando esté listo, pinta los panes con un poco de huevo ligeramente batido y hornea a una temperatura de 190 °C sin vapor al inicio durante 18 minutos.

ANTES DE TERMINAR completamente el amasado, añade, por ejemplo, una combinación de chocolate con leche y avellanas tostadas a la masa, y continúa con el mismo proceso de elaboración. Estarás convirtiendo este pan en una auténtica delicia para los tuyos.

Panecillos bicolor de dos chocolates

Para 18 panecillos de 60 gramos
500 g de harina panificable
10 g de sal
25 g de azúcar
50 g de mantequilla
290 g de agua
15 g de levadura

Para el relleno del pan de chocolate negro
450 g de masa
20 g de cacao en polvo
75 g de gotas de chocolate negro

Para el relleno del pan de chocolate blanco
450 g de masa
90 g de gotas de chocolate blanco

Empieza cortando la mantequilla fría en dados pequeños y guárdala en la nevera. Pesa todos los ingredientes y mezcla el agua con la levadura y la sal.

En un bol, vierte la harina, el azúcar y los daditos de mantequilla, y añade esta mezcla. Remueve con la mano (o con una espátula) hasta que se formen grumos. Si la masa queda muy dura, agrega un poco más de agua.

Cubre el bol con un paño y deja reposar a temperatura ambiente durante 30 minutos.

Pasado ese tiempo, vuelca la masa en la mesa y hazle 2 pliegues con el sistema del reloj. Devuélvela al bol y deja reposar 30 minutos. Repite este proceso entre 3-4 veces, o hasta que la masa esté fina.

Antes de dar el cuarto pliegue, extiende la masa en la mesa y añade en el centro los trocitos de mantequilla fríos. Aplástalos en la masa y haz 3 series de pliegues y reposos. Verás que la mantequilla se integra poco a poco. Cuando acabes el amasado, deja reposar la masa 1 hora, cubierta con un paño.

Luego divídela en 2 piezas de unos 450 g cada una. A una de ellas incorpórale el cacao en polvo, junto con unas gotas de agua, y las gotas de chocolate negro.

Haz un par de pliegues con el sistema del reloj hasta que el cacao se disuelva bien. Corta la pieza en 5-6 trozos y vuelve a unirla para que se mezclen bien todos los ingredientes. Haz otro pliegue y deja reposar 30 minutos. Repite exactamente la misma operación con el otro trozo de masa, usando las gotas de chocolate blanco.

Cuando ya hayan reposado, estira cada porción de masa con un rodillo hasta formar un rectángulo de 1 cm de grosor. Si te cuesta estirarla, deja que repose unos minutos. Pulveriza un poco de agua sobre la lámina de chocolate negro y pon encima la lámina de chocolate blanco.

Ahora enrolla las dos firmemente hasta formar un rollo. Con un cuchillo de sierra, corta porciones de unos 2 cm de grosor y depositalas sobre una bandeja de horno con papel de cocción, dejando separación entre ambas. Cubre con un paño y deja en la nevera hasta el día siguiente.

Pasado el tiempo de fermentación, deja a temperatura ambiente hasta que los panes estén bien fermentados.

Hornea a 210 °C con vapor durante un total de 14-16 minutos.

ESTE FORMATO DE PAN también admite rellenos salados, como una masa de jamón dulce y otra de queso, o una de sobrasada y otra de nueces o también queso. Como siempre decimos: deja volar tu imaginación; si los ingredientes son de primera calidad, el éxito está asegurado.

Pastel de bollitos para compartir

Para 3 pasteles de 6 bollitos cada uno
500 g de harina panificable
10 g de sal
75 g de azúcar
100 g de mantequilla
25 g de aceite de oliva virgen extra
280 g de agua
20 g de levadura

Corta la mantequilla fría en dados pequeños y resérvala en la nevera.

Pesa todos los ingredientes y mezcla el agua con la levadura y la sal. En un bol, vierte la harina, el azúcar, el aceite de oliva y la mezcla anterior.

Remueve con la mano (o con una espátula) hasta que se formen grumos no excesivamente grandes. Si ves que la masa queda muy dura, agrega un poco más de agua hasta que se integre bien. La textura debe ser consistente, tirando a firme. Ten en cuenta que todavía falta añadir la mantequilla, y esto ablandará un poco la masa. Este proceso puede durar 1 o 2 minutos como máximo.

Cubre el bol con un paño y deja reposar la masa a temperatura ambiente durante 30 minutos.

Pasado ese tiempo, vuelca la masa en la superficie de trabajo y hazle 2 pliegues siguiendo el sistema del reloj. Vuelve a colocarla en el bol y déjala reposar otros 30 minutos.

Repite esta operación de 2 pliegues y reposo un máximo de 4 veces, o hasta que veas que la masa está bien fina.

Antes de hacer el cuarto pliegue, extiende la masa en la mesa y añade en el centro los trocitos de mantequilla fríos. Aplástalos en la masa y haz 3 series de pliegues y reposos a temperatura ambiente. Verás que la masa se vuelve más fina y la mantequilla se va integrando en ella.

Cuando acabes el amasado, deja reposar la masa 1 hora, cubierta con un paño para evitar que se forme corteza.

Luego, divide en piezas de 20 g y forma bolas de masa. Pinta un molde redondo de aluminio con un poco de mantequilla derretida y pon dentro las bolas, dejando separación entre ellas. Ahora, tapa el molde con un film transparente y déjalo en la nevera hasta el día siguiente.

Al día siguiente, enciende el horno para calentarlo bien y, cuando esté listo, pinta las bolas de masa con huevo ligeramente batido. Si al sacarlas del frío aún no se han unido, significa que todavía falta fermentación; en este caso, deja en un lugar cálido hasta que se unan por completo.

Hornea a una temperatura de 190-200 °C sin vapor durante 12-14 minutos.

TAMBIÉN PUEDES preparar este pastel de bollitos de mantequilla en formato cuadrado o rectangular; queda muy bonito y vistoso. Escoge el formato y tamaño de molde que más te guste. Seguro que, elijas el que elijas, el resultado será maravilloso.

Cardiff Times
PRICE TWOPENCE

Rollitos de canela y azúcar moreno

Para 25 bollitos de 40 gramos
250 g de harina panificable
250 g de harina de fuerza
10 g de sal
25 g de azúcar
50 g de mantequilla
1 huevo
300 g de leche
14 g de levadura
500 g de mantequilla pomada
200 g de azúcar grano
la cantidad que te guste de canela en polvo

Prepara primero el relleno mezclando la mantequilla pomada con el azúcar grano y la canela en polvo. Ajusta la cantidad de canela a tu gusto y reserva a temperatura ambiente.

Para la masa, corta la mantequilla fría en dados pequeños y guárdala en la nevera.

Pesa todos los ingredientes y mezcla la leche con la levadura y la sal. Añade esta mezcla a un bol junto con la harina, el huevo y el azúcar. Remueve con la mano (o una espátula) hasta que se formen grumos. La masa debe quedar consistente y algo firme, teniendo en cuenta que luego se añadirá la mantequilla y eso la ablandará. Cubre el bol con un paño y deja reposar 30 minutos a temperatura ambiente.

Pasado ese tiempo, vuelca la masa en la mesa de trabajo y hazle 2 pliegues con el sistema del reloj. Devuélvela al bol y deja reposar otros 30 minutos. Repite este proceso 3 veces, o hasta que la masa esté bien fina.

Antes del cuarto pliegue, extiende la masa en la mesa y añade en el centro los trocitos de mantequilla fríos. Aplástalos en la masa y haz 3 series de pliegues y reposos a temperatura ambiente. Verás que la masa se va afinando y la mantequilla se integra. Cuando acabes el amasado, deja reposar la masa en la nevera 1 hora, cubierta con un paño para evitar que se forme corteza.

Luego, divide la masa en dos piezas de unos 450 g cada una. Con la ayuda del rodillo, estira cada porción hasta formar un rectángulo de 1 cm de grosor. Si ves que te cuesta estirar la masa, deja que repose unos minutos. Una vez estirada, esparce por encima el relleno de azúcar, mantequilla y canela con una espátula o un cortador de plástico, dejando un dedo de ancho al final sin relleno.

Ahora enrolla la masa apretando un poco, como si formaras un barrote. Pinta con agua el borde del rollo y déjalo bien sellado.

Con un cuchillo de sierra, corta discos de 3 cm de grosor y colócalos en una bandeja rectangular, forrada con papel de cocción o pintada con mantequilla fundida. Deja un poco de separación entre los rollitos para que se puedan unir durante la fermentación.

Cubre la bandeja con un paño y deja en la nevera hasta el día siguiente.

Si al sacarlos no se han unido, deja que sigan fermentando durante un tiempo fuera de la nevera.

Pinta la masa con huevo ligeramente batido y hornea a 190 °C sin vapor durante 14-16 minutos.

CON ESTA MISMA TÉCNICA de relleno, puedes elaborar panecillos con sabores muy diferentes. Prueba con una crema de pistacho o de chocolate, o incluso con rellenos salados, como una crema de queso mezclada con anchoas o paté.

Las combinaciones son casi infinitas.

Trenzas de mantequilla

Para 3 trenzas de 240 gramos
500 g de harina panificable
10 g de sal
25 g de azúcar
100 g de mantequilla
30 g de leche en polvo
300 g de agua
15 g de levadura

Empieza cortando la mantequilla fría en dados pequeños y resérvala en la nevera.

Pesa todos los ingredientes. Mezcla el agua con la levadura y la sal, y vierte esta mezcla sobre la harina, el azúcar y la leche en polvo en un bol.

Remueve con la mano (o con una espátula) hasta que se formen grumos. Si la masa queda muy dura, incorpora un poco más de agua. En todo caso, debe quedar consistente y firme; también piensa que todavía falta añadir la levadura y esto ablandará un poco la masa.

Cubre el bol con un paño y deja reposar a temperatura ambiente durante 30 minutos.

Pasado ese tiempo, vuelca la masa en la superficie de trabajo y hazle 2 pliegues con el sistema del reloj. Devuélvela al bol y deja que repose otros 30 minutos.

Repite esta operación un máximo de 3 veces, o hasta que veas que la masa está bien fina.

Antes de hacer el cuarto pliegue, extiende la masa en la mesa y añade en el centro los trocitos de mantequilla fríos. Aplástalos en la masa y haz 3 series de pliegues y reposos a temperatura ambiente. Verás que la masa se va afinando y la mantequilla se va integrando en ella.

Cuando acabes el amasado, deja reposar la masa 1 hora a temperatura ambiente, cubierta con un paño para que no se forme corteza.

Divide la masa en piezas de 80 g, forma bolas y mételas en la nevera durante 15 minutos. Luego forma barritas alargadas sin punta, deja que reposen 5 minutos y estíralas hasta un largo de 35 cm.

A continuación, forma trenzas de 3 tiras de 80 g cada una, intercalando los lados y pasando siempre un cabo lateral sobre el del medio.

Disponlas en una bandeja de hornear con papel de horno en la base, dejando separación entre ellas para que puedan fermentar bien. Ahora cubre la bandeja con un paño y guarda en la nevera hasta el día siguiente.

Al día siguiente, saca las trenzas de la nevera y déjalas una hora a temperatura ambiente.

Enciende el horno para calentarlo bien y, cuando esté listo, pinta las trenzas de masa con huevo ligeramente batido.

Hornea a 190 °C sin vapor durante 14-16 minutos.

ESTA ES UNA MASA muy polivalente y permite elaborar panes de diferentes tamaños y formas. Una opción es utilizarla directamente para preparar deliciosos panecillos de Viena, ideales para cualquier desayuno o merienda.

PANES RELLENOS

Las cuatro propuestas de este capítulo son panes muy completos. No hace falta ningún alimento más. Constituyen por sí solos prácticamente un plato, que combinado con una ensalada pueden ser una opción fantástica para una rica comida o cena.

Bollo de tres chocolates

Para 14 bollos de 60 gramos de masa
500 g de harina panificable
10 g de sal
350 g de agua
10 g de levadura
gotas de chocolate negro, con leche y blanco

Primero, pesa todos los ingredientes de la receta y mezcla el agua con la levadura y la sal. En un bol, añade esta mezcla y vierte la harina.

Empieza a remover con la mano (o con una espátula de madera) hasta que se formen grumos no excesivamente grandes. Si notas que la masa queda muy dura, no dudes en agregar un poco más de agua y sigue removiendo hasta que se integre bien. Este paso puede durar 1 o 2 minutos como máximo.

Una vez lista, cubre el bol con un paño y deja reposar la masa a temperatura ambiente durante 30 minutos.

Pasado ese tiempo, vuelca la masa en la mesa de trabajo y hazle 2 pliegues utilizando el sistema del reloj. Vuelve a colocarla en el bol y deja que repose a temperatura ambiente otros 30 minutos.

Repite este proceso de pliegues y reposo un máximo de 4 o 5 veces, o hasta que veas que la masa está bien fina.

Cuando acabes el amasado, deja reposar la masa 1 hora más, cubierta con un paño para que no se forme corteza.

Luego, divide la masa en piezas de 60 g. Para formar los bollos, aplánalas con el rodillo y pon una cantidad generosa de gotas de los tres chocolates en el centro de cada una.

Ahora cierra cada panecillo juntando los laterales y pellizcando bien la masa para que las gotas de chocolate no se «escapen» durante el horneado.

Pon los panecillos sobre una bandeja con papel de cocción, tápala con un paño y deja fermentar en la nevera hasta el día siguiente.

Al día siguiente, saca los panecillos de la nevera y déjalos 1 hora a temperatura ambiente.

Justo antes de hornear, con unas tijeras, haz un corte en forma de cruz en la parte superior de cada panecillo. Enciende el horno y hornea a una temperatura de 220 °C con vapor al inicio durante 20 minutos para una cocción total.

Una vez que tengas los panecillos horneados y fríos, derrite al baño maría o en el microondas cobertura de chocolate del color que prefieras. Baña solo la parte superior de los panecillos y, antes de que el chocolate se seque, pon unas perlitas de chocolate por encima para acabar de decorarlos.

Deja que se enfríen y los tendrás listos para degustar.

CON LA MISMA IDEA, y utilizando la misma técnica para rellenar masas, puedes elaborar unas minibarritas rellenas de tres chocolates o del ingrediente que más te apetezca.

Su formado es un poco más complicado, pero con un poco de práctica enseguida te quedarán fenomenales.

Panecillos gratinados de pollo con bechamel

Para 14 panecillos de 60 gramos de masa
500 g de harina panificable
10 g de sal
350 g de agua
5 g de levadura
mezcla de pollo asado con bechamel

En primer lugar, elabora una bechamel bastante espesa y añade trocitos de pollo asado. Remueve para que quede una mezcla homogénea y reserva para después en la nevera.

Para amasar el pan, pesa todos los ingredientes de la receta y mezcla el agua con la levadura y la sal. En un bol, vierte la harina y añade esa mezcla.

Remueve con la mano (o con una espátula) hasta que se formen grumos no excesivamente grandes. Si ves que la masa queda muy dura, agrega un poco más de agua y continúa removiendo hasta integrarla por completo. Cubre el bol con un paño y deja reposar a temperatura ambiente durante 30 minutos.

Cuando haya pasado ese tiempo, vuelca la masa en la mesa de trabajo y hazle 2 pliegues con el sistema del reloj. Luego, devuélvela al bol y deja que repose otros 30 minutos.

Repite esta operación de pliegues y reposo un máximo de 4 o 5 veces, o hasta que veas que la masa está bien fina.

Finalizado el amasado, deja reposar la masa 1 hora más a temperatura ambiente, cubierta con un paño para evitar que se forme corteza.

Después, divide la masa en piezas de 60 g y forma bolas. Colócalas con el pliegue hacia abajo sobre una bandeja forrada con un paño de cocina, generosamente espolvoreado con harina. Cúbrelos con film transparente y guárdalos en la nevera hasta el día siguiente.

Pasado ese tiempo, saca los panecillos de la nevera y déjalos 1 hora a temperatura ambiente.

Cuando estén listos para hornear, dales la vuelta con suavidad y ponlos sobre una bandeja con papel de cocción. Hornea a una temperatura de 220 °C con vapor al inicio durante 15 minutos aproximadamente para una cocción total.

Una vez horneados y fríos, corta los panecillos por la mitad con un cuchillo de sierra y extrae la miga de su interior. En su lugar, rellena generosamente con la mezcla de bechamel y pollo asado. A modo de tapa, pon la parte de arriba del pan al revés encima del panecillo relleno y espolvorea queso para gratinar.

Acaba gratinando los panecillos en el horno durante 15 minutos, o hasta que veas que el queso se ha fundido.

Intenta servir estos panecillos calientes para que sean todavía más exquisitos.

CUANDO LOS TUYOS ya estén cansados de este relleno, invéntate otros nuevos para no dejar de sorprenderlos nunca.

Para facilitarte el trabajo, procura tener siempre un buen remanente de panecillos precocidos en el congelador. Así, podrás terminarlos rápidamente en el horno, gratinarlos y tenerlos listos en muy poco tiempo.

Panecillos rellenos de queso

Para 14 panecillos de 60 gramos de masa
500 g de harina panificable
10 g de sal
350 g de agua
5 g de levadura
queso emmental rallado

Empieza pesando todos los ingredientes. Mezcla el agua con la levadura y la sal, y añádela en un bol junto con la harina.

Remueve con la mano (o con una espátula de madera) hasta que se formen grumos no excesivamente grandes. Si ves que la masa queda muy dura, agrega un poco más de agua y vuelve a remover hasta que se integre del todo. Este proceso no te llevará más de 1 o 2 minutos.

Cubre el bol con un paño y deja reposar la masa a temperatura ambiente durante 30 minutos.

Pasado ese tiempo, vuelca la masa en la superficie de trabajo y hazle 2 pliegues con el sistema del reloj. Devuélvela al bol y deja que repose a temperatura ambiente otros 30 minutos.

Repite esta operación de pliegues y reposo un máximo de 4 o 5 veces, o hasta que veas que la masa está bien fina.

Cuando acabes el amasado, deja que la masa repose a temperatura ambiente 1 hora más, cubierta con un paño para que no se forme corteza.

A continuación, divide la masa en piezas de 60 g y aplánalas con la mano intentando que queden lo más redondas posible. Para rellenar, pon una generosa cantidad de queso emmental rallado en el centro de la masa. Aunque al principio te parezca mucha proporción de queso, verás que después del horneado no hay tanta cantidad.

Cierra el panecillo juntando los laterales y pellizcando bien la masa para que el relleno no se «escape» durante el horneado. Colócalos con el pliegue hacia abajo en una bandeja con un paño de cocina espolvoreado generosamente con harina, cúbrelos con film transparente y guárdalos en la nevera hasta el día siguiente.

Al día siguiente, saca los panes de la nevera. Si notas que están muy fríos o aún no han fermentado lo suficiente, déjalos 1 hora en un lugar cálido y sin corrientes de aire antes de meterlos en el horno.

Enciende el horno para calentarlo bien y, cuando esté listo, da la vuelta a los panecillos, ponlos sobre una bandeja con papel de cocción y hornéalos a 220 °C con vapor al inicio durante 16 minutos para una cocción total.

En el momento de servir los panecillos, caliéntalos en el horno durante 4 o 5 minutos para que el queso se funda y se deshaga al morder el pan.

PUEDES HORNEAR los panecillos un poco menos de tiempo y congelarlos envueltos en film transparente. Cuando los quieras servir, tan solo debes asegurarte de que están bien descongelados y calentarlos en el horno durante unos 10 minutos. Verás que quedan tiernos y con el queso en su punto.

Preñaditos

Para 14 preñaditos de 60 gramos de masa
500 g de harina panificable
10 g de sal
350 g de agua
5 g de levadura
porciones de chorizo o longaniza para el relleno

Pesa todos los ingredientes de la receta y mezcla el agua con la levadura y la sal. En un bol, vierte la harina y añade esta mezcla.

Comienza a remover con la mano (o con una espátula de madera) hasta que se formen grumos no excesivamente grandes. Si notas que la masa queda muy dura, puedes agregar un poco más de agua y seguir mezclando hasta que se integre bien. Este proceso puede durar 1 o 2 minutos como máximo.

Cubre el bol con un paño y deja reposar la masa a temperatura ambiente durante 30 minutos.

Pasado ese tiempo, vuelca la masa en la mesa de trabajo y hazle 2 pliegues con el sistema del reloj. Vuelve a colocarla en el bol y deja que repose a temperatura ambiente otros 30 minutos.

Repite esta operación de pliegues y reposo un máximo de 4 o 5 veces, o hasta que veas que la masa está bien fina.

Cuando acabes el amasado, deja que la masa repose 1 hora más a temperatura ambiente, cubierta con un paño para que no se forme corteza.

Luego, divide en piezas de 60 g (o del peso que prefieras, acorde al tamaño de los trozos de chorizo o longaniza que vayas a poner dentro).

Para formar los preñaditos, aplana cada porción de masa con las manos y pon en su interior un trozo de chorizo del mismo largo que la masa de pan. Ahora enróllala, formando una barrita con el relleno dentro.

Al terminar el formado, asegúrate de apretar bien los bordes para sellar y evitar que se abran durante la fermentación o el horneado.

Una vez tengas todas las barritas formadas y rellenas, ponlas sobre una bandeja cubierta con papel de cocción. Tápalas con film transparente y guárdalas en la nevera hasta el día siguiente.

Al día siguiente, saca los preñaditos y déjalos 1 hora a temperatura ambiente para que acaben de fermentar.

Enciende el horno para calentarlo bien y, cuando esté listo, hornea a 220 °C con vapor al inicio durante un total de 16 minutos para una cocción total.

ASEGÚRATE de que el chorizo o la longaniza con los que rellenas tus barritas de preñaditos sean de la máxima calidad, ya que esto hará que la combinación de sabores de un buen pan con un buen relleno sea extraordinaria.

Juega también a hacer tamaños diferentes. Unos bien pequeños, de prácticamente un mordisco, son una idea muy tentadora para cuando tienes invitados en casa y los quieres sorprender.

PANES HOJALDRADOS

En este capítulo buscamos panes y otras variantes con un denominador común: una textura crujiente y quebradiza, y un extraordinario sabor de mantequilla. Si a todo esto le añadimos alimentos que combinan perfectamente, el éxito está asegurado.

Baguette hojaldrada

Para 5 baguettes hojaldradas de 200 gramos

250 g de harina panificable
250 g de harina de fuerza
10 g de sal
325 g de agua
8 g de levadura
280 g de mantequilla fría, para laminar

Antes de empezar con el amasado, prepara la mantequilla para laminar. Pésala, asegurándote de que esté bien fría. Colócala entre 2 papeles de hornear y, con un rodillo, aplánala hasta formar un cuadrado de 0,5 cm de grosor. Una vez que la tengas, resérvala en la nevera.

Para amasar, pesa todos los ingredientes. Mezcla el agua con la levadura y la sal, y en un bol, añádela junto a la harina. Remueve con la mano (o una espátula) hasta que se formen grumos.

Cubre el bol con un paño y deja reposar a temperatura ambiente durante 30 minutos.

Tras el reposo, vuelca la masa en la mesa y hazle 2 pliegues con el sistema del reloj. Devuélvela al bol y deja reposar 30 minutos.

Repite este proceso 3 o 4 veces hasta que la masa esté lisa.

Estira la masa con el rodillo hasta que tenga más o menos las medidas de una bandeja de horno. Colócala sobre la bandeja con papel de hornear, tápala con film y guárdala en la nevera durante 1 hora.

Pasado ese tiempo, pon la mantequilla en el centro de la masa, intentando que ocupe la mitad que esta. Cierra la masa sobre la mantequilla, da media vuelta al pastón y estíralo con un rodillo horizontalmente hasta que adquiera un grosor de 1,5 cm aproximadamente.

A continuación, haz un pliegue sencillo: divide mentalmente la masa en 3 partes, dobla la parte izquierda sobre la del medio y después la derecha también sobre la del medio. Tapa la masa y deja reposar en la nevera 15 minutos.

Luego, dale media vuelta, estírala de nuevo y haz otro pliegue sencillo. Tapa la masa y deja reposar 30 minutos más en la nevera (o en el congelador, si está muy fermentada). Deberás hacer un total de 4 pliegues sencillos para obtener una baguette bien hojaldrada, descansando 30 minutos en frío tras cada pliegue.

Cuando termines, estira la masa y corta rectángulos de 40 cm de ancho por 15 de alto. Enrolla cada uno como si quisieras hacer un rulo y píntalo con un poquito de agua justo antes de cerrarlo del todo.

Pon las baguettes en una bandeja con papel de hornear, dejando espacio entre ellas. No pongas más de 4 por lata. Cubre con un paño y deja en la nevera hasta el día siguiente.

Al día siguiente, pinta las baguettes con huevo batido y haz 2 o 3 cortes por encima.

Hornea un total de 25 minutos a 210 °C sin vapor.

CUANDO TENGAS las baguettes formadas, puedes rebozarlas con semillas. Para ello, pulverízalas con un poco de agua y hazlas rodar sobre semillas para que estas queden perfectamente enganchadas a la baguette. Verás que, una vez cocidas, las semillas también van a quedar tostadas y la combinación del sabor de la masa junto con el de las semillas tostadas será increíble.

Cocas crujientes de verduras y queso crema

Para 8 cocas
250 g de harina panificable
250 g de harina de fuerza
10 g de sal
325 g de agua
350 g de mantequilla fría, para laminar
queso crema
mezcla de verduras asadas (berenjena, calabacín, tomate)

Comienza cortando láminas de una mezcla de verduras de temporada y pásalas por la sartén con un poco de aceite de oliva hasta que queden bien doradas. Pon sal y pimienta al gusto, y reserva para después.

Antes de ponerte con el amasado, prepara la mantequilla para laminar. Pésala, asegurándote de que esté bien fría, y colócala entre 2 papeles de hornear. Con un rodillo, aplánala hasta formar un cuadrado de 0,5 cm de grosor y resérvala en la nevera.

Para amasar, pesa todos los ingredientes y mezcla el agua con la sal. En un bol, vierte la harina y añade esta mezcla. Remueve con la mano (o una espátula) hasta que se formen grumos.

Cubre el bol con un paño y deja reposar a temperatura ambiente durante 30 minutos.

Cuando haya pasado ese tiempo, vuelca la masa en la mesa y hazle 2 pliegues con el sistema del reloj. Devuélvela al bol y deja reposar 30 minutos.

Repite esta operación 3 o 4 veces hasta que la masa esté lisa.

Estira la masa con el rodillo hasta que tenga el tamaño aproximado de una bandeja de horno. Déjala sobre la bandeja con papel de hornear, tápala con film y guárdala en la nevera durante 1 hora.

Pasado ese tiempo, pon la mantequilla en el centro de la masa, intentando que ocupe la mitad que esta. Cierra la masa sobre la mantequilla, da media vuelta al pastón y estíralo horizontalmente hasta que adquiera un grosor aproximado de 1,5 cm.

Ahora toca hacer un pliegue sencillo: divide mentalmente la masa en 3 partes, dobla la parte izquierda sobre la del medio y después la parte derecha también sobre la del medio. Tápala y deja reposar 15 minutos en la nevera. En total, deberás hacer 5 pliegos sencillos, dejando reposar unos 30 minutos tras cada uno.

Cuando completes los pliegues y la masa haya reposado, estírala hasta que tenga un grosor de 1,5 cm. Corta rectángulos de la medida que prefieras. Píntalos con huevo batido y pincha en el centro con un tenedor.

Coloca las piezas en una bandeja con papel de cocción y, con una cuchara, reparte una base de queso crema. Encima, pon la mezcla de las verduras asadas que tenías reservadas.

Hornea a 210 °C sin vapor durante un total de 14-16 minutos.

Cuando las cocas salgan del horno, rocíalas con un poco de aceite de oliva virgen extra para dejarlas terminadas.

PRUEBA todas las combinaciones que se te ocurran, desde una mezcla de pollo con bechamel hasta rellenos dulces, como una buena crema pastelera con láminas de manzana por encima.

Dóminos de aceitunas

Para 35 dóminos de 30 gramos
250 g de harina panificable
250 g de harina de fuerza
10 g de sal
325 g de agua
350 g de mantequilla fría, para laminar

Antes de empezar con el amasado, prepara la mantequilla que vas a laminar. Pésala y, siempre fría, pon una porción entre 2 papeles de hornear. Con un rodillo, aplánala y estírala hasta formar un cuadrado de 0,5 cm de grosor. Una vez lista, resérvala en la nevera.

Para amasar, pesa todos los ingredientes y mezcla el agua con la sal. En un bol, vierte la harina y añade esta mezcla. Remueve con la mano (o con una espátula) hasta que se formen grumos.

Cubre el bol con un paño y deja reposar la masa a temperatura ambiente durante 30 minutos.

Pasado ese tiempo, vuelca la masa en la mesa de trabajo y hazle 2 pliegues con el sistema del reloj. Vuelve a colocarla en el bol y deja que repose a temperatura otros 30 minutos.

Repite esta operación 3 o 4 veces hasta que veas que la masa está lisa.

Estira la masa con el rodillo hasta que tenga más o menos las medidas de una bandeja de horno. Deja la masa estirada en la bandeja con un papel de hornear, tápala con film y guárdala en la nevera durante 1 hora.

Después, pon la mantequilla en el centro de la masa, intentando que ocupe la mitad que esta. Ciérrala sobre la mantequilla, da media vuelta al pastón y estíralo horizontalmente hasta obtener un grosor de unos 1,5 cm.

Haz un pliegue sencillo: divide mentalmente la masa en 3 partes, dobla la parte izquierda sobre la del medio y después la derecha también sobre la del medio. Tapa y deja reposar 15 minutos en la nevera.

Tras el reposo, dale media vuelta al trozo de masa y vuelve a realizar el pliegue sencillo, dejando reposar 30 minutos en la nevera. En total, deberás hacer 5 pliegues, dejando la masa en la nevera unos 30 minutos tras cada pliegue.

Cuando termines el proceso, vuelve a estirar la masa hasta que tenga un grosor de 1,5 cm. Con la ayuda de un buen cuchillo, recorta rectángulos de 8 por 3 cm.

Pon las piezas en una bandeja con papel de cocción y píntalas con huevo batido. Clava 3 aceitunas en las piezas dómino y ya las tendrás listas para hornear.

Enciende el horno para calentarlo bien y, cuando esté listo, hornea a una temperatura de 210 °C sin vapor durante 14-16 minutos.

ESTA ES UNA RECETA perfecta para congelar y tener siempre una buena cantidad lista para hornear, incluso sin descongelar, ya que no lleva levadura.

Lo ideal es congelar los panecillos sin pintarlos con huevo ni poner la aceituna encima; deja estas operaciones para cuando vayas a hornearlos.

Rollitos de berenjena, salsa pesto y sésamo

Para 30 rollitos de 60 gramos
250 g de harina panificable
250 g de harina de fuerza
10 g de sal
325 g de agua
5 g de levadura
200 g de mantequilla fría, para laminar
berenjena asada
salsa pesto
sésamo

Corta láminas de berenjena y pásalas por la sartén o el horno con un poco de aceite de oliva virgen, hasta que estén doradas y tiernas. Resérvalas para después.

Antes de empezar con el amasado, prepara la mantequilla (siempre fría) para laminar. Pésala y ponla entre 2 papeles de hornear. Ap ánala con un rodillo hasta formar un cuadrado de 0,5 cm de grosor, y guarda en la nevera.

Para amasar, pesa todos los ingredientes. Mezcla el agua con la levadura y la sal, y vierte esta mezcla en un bol junto con la harina. Remueve hasta que se formen grumos.

Cubre el bol con un paño y deja reposar 30 minutos.

Pasado este tiempo, vuelca la masa en la mesa y hazle 2 pliegues con el sistema del reloj. Devuélvela al bol y deja reposar 30 minutos.

Repite esta operación 3 o 4 veces hasta que veas que la masa está lisa.

Estira la masa con el rodillo hasta que tenga el tamaño de una bandeja de horno. Ponla sobre papel de hornear, tápala con film y guárdala en la nevera durante 1 hora.

Coloca la mantequilla en el centro de la masa, intentando que ocupe la mitad. Cierra la masa sobre la mantequilla, da media vuelta al pastón y estíralo horizontalmente hasta alcanzar 1,5 cm de grosor.

Haz un pliegue sencillo: divide mentalmente la masa en 3 partes, dobla la parte izquierda sobre la del medio y después la derecha también sobre la del medio. Cubre y enfría 15 minutos.

En total, haz 3 pliegues sencillos, dejando siempre 30 minutos de reposo en frío entre cada uno.

Estira la masa en rectángulos de 25 x 25 cm y 1,5 cm de grosor. Con una cuchara, esparce la salsa pesto y, encima, pon las láminas de berenjena asadas. Deja un espacio de 3 cm sin relleno en la base de la masa.

Enrolla la masa y pinta con agua el espacio que no tiene el relleno, para que selle bien y los rollitos no se abran demasiado durante el horneado.

Con un cuchillo de sierra, corta rebanadas de 2 cm de ancho y ponlas en una bandeja con papel de cocción en la base, dejando separación entre cada pieza. Cubre con un paño y guarda en la nevera hasta el día siguiente.

Pinta los rollitos con huevo batido, esparce de sésamo por encima y hornea a 210 °C sin vapor durante 18-20 minutos.

SI QUIERES CONGELARLOS para una ocasión especial, envuelve bien el rollo de masa en film transparente (antes de cortarlo y sin fermentar) y congélalo. Cuando quieras acabarlo, deja que se descongele, corta las piezas y deja que fermenten a temperatura ambiente durante 3 o 4 horas. Pasado este tiempo, las tendrás listas para hornear.

BASES DE PIZZA

Cinco recetas originales para que puedas disfrutar de diferentes pizzas con texturas, medidas y acabados variados. Son ideales para congelar y tenerlas siempre listas para completar con los ingredientes que más te gusten.

Clásica

Para 4-5 pizzas de 200 gramos
500 g de harina panificable
50 g de aceite de oliva virgen extra
10 g de sal
370 g de agua
5 g de levadura
tomate frito de primera calidad
aceite de oliva virgen extra
orégano

Empieza por pesar todos los ingredientes de la receta y disuelve la levadura y la sal en el agua. En un bol, vierte la harina, el aceite de oliva y añade la mezcla de agua, levadura y sal.

Con la mano (o con una espátula de madera) comienza a remover hasta que se formen grumos no excesivamente grandes. Si notas que la masa queda muy dura, agrega un poco más de agua y sigue removiendo hasta que se integre bien. Este proceso puede durar 1 o 2 minutos como máximo.

Una vez lista, cubre el bol con un paño y deja que la masa repose a temperatura ambiente durante 30 minutos.

Pasado ese tiempo, vuelca la masa en la superficie de trabajo y hazle 2 pliegues con el sistema del reloj. Devuélvela al bol y deja que repose a temperatura ambiente 30 minutos.

Repite esta operación de 2 pliegues y reposo un máximo de 4 veces, o hasta que veas que la masa está bien fina.

Cuando acabes el amasado, divide la masa en piezas de 200 g y dales forma de bola. Déjalas reposar a temperatura ambiente 1 hora más, cubiertas con un paño para que no se forme corteza.

Después del reposo, pon las bolas de masa en un bol rectangular con tapa y guárdalas en la nevera hasta el día siguiente.

Al día siguiente, espolvorea un poco de sémola de trigo en la mesa de trabajo y, con un rodillo o con las manos, estira las bolas de masa hasta que alcancen un grosor de 1 cm. Coloca las bases estiradas sobre papel de horno de la medida de la pizza.

Por otro lado, mezcla el tomate frito, el aceite de oliva y el orégano, y esparce una cantidad apropiada sobre las bases de pizza ya estiradas.

Enciende el horno para calentarlo bien y, cuando esté a una temperatura de 230 °C, pon las bases de pizza directamente sobre la suela del horno con un papel de cocción. Hornéalas unos 6 minutos, y después pon las pizzas con una bandeja en la parte central del horno otros 6 minutos más.

PUEDES IR CAMBIANDO el tamaño de las bases de pizza y pasar de pizzetas individuales de unos 40 g hasta una pizza familiar del tamaño de toda la bandeja del horno; este es un formato ideal para compartir en familia, seguro que tendrá mucho éxito.

Hojaldrada

Para 30 pizzas individuales de 40 gramos
250 g de harina panificable
250 g de harina de fuerza
10 g de sal
350 g de agua
350 g de mantequilla fría, para laminar
tomate frito de primera calidad
aceite de oliva virgen extra
orégano

Antes de empezar con el amasado, prepara la mantequilla para laminar. Pesa la cantidad indicada y ponla entre dos papeles de hornear. Con un rodillo, aplánala hasta formar un cuadrado de 0,5 cm de grosor. Una vez que la tengas, resérvala en la nevera.

Para amasar, pesa todos los ingredientes. Mezcla el agua con la sal, y añádela en un bol junto con la harina. Remueve con la mano (o espátula) hasta que se formen grumos.

Cubre el bol con un paño y deja reposar 30 minutos a temperatura ambiente.

Pasado ese tiempo, vuelca la masa en la mesa y hazle 2 pliegues con el sistema del reloj. Devuélvela al bol y deja reposar otros 30 minutos.

Repite esta operación 3 o 4 veces hasta que veas que la masa está lisa.

Estira la masa con el rodillo hasta que tenga las medidas de una bandeja de horno. Déjala en la bandeja con papel de hornear, tapa con film y guarda en la nevera durante 1 hora.

Luego, pon la mantequilla en el centro de la masa intentando que ocupe la mitad que esta. Cierra la masa sobre la mantequilla, gira el pastón y estíralo horizontalmente hasta que adquiera un grosor de 1,5 cm.

Haz un pliegue sencillo: divide mentalmente la masa en tres partes, dobla la parte izquierda sobre la del medio y después la derecha también sobre la del medio. Tápala y deja reposar 15 minutos en la nevera.

Después, dale media vuelta, estírala hasta alcanzar un grosor de 1,5 cm y haz otro pliegue sencillo. Tapar y guarda en la nevera durante 30 minutos. En total, debes hacer 5 pliegues sencillos a la masa, guardando en la nevera 30 minutos tras cada pliegue.

Cuando hayas completado el proceso, vuelve a estirar la masa hasta que ocupe 1,5 cm y corta piezas redondas de unos 15 cm de diámetro con un cortapastas liso o con la tapa de algún bote. Pinta las bases con un poco de huevo batido, pincha en el centro y rellena el hueco con tomate frito de primera calidad mezclado con orégano y aceite de oliva. Pon las piezas en una bandeja de hornear con papel de cocción y ya las tendrás listas para hornear.

Enciende el horno para calentarlo bien y, cuando esté listo, hornea a una temperatura de 210 °C sin vapor durante 14-16 minutos.

NO PONGAS demasiado tomate encima de las bases, ya que, si lo haces, será muy difícil que se cuezan bien y pueden quedarte crudas por el centro.

También es importante que, cuando tengas las bases cortadas, las dejes reposar unos 15 minutos antes de hornearlas, para que no tengan demasiada fuerza y no se deformen conforme se van cociendo.

Pizzas sin gluten

Para 6 pizzas sin gluten de 200 gramos
350 g de harina de arroz
150 g de harina de trigo sarraceno
180 g de almidón
20 g de aceite de oliva virgen extra
10 g de sal
7 g de psyllium
530 g de agua templada
15 g de levadura
tomate frito de primera calidad
aceite de oliva virgen extra
orégano

En un bol, empieza pesando el psyllium, la sal, el aceite de oliva, la levadura y el agua. Mezcla todo con una cuchara y deja que repose unos 10-15 minutos a temperatura ambiente.

En un recipiente aparte, pesa la harina de arroz, la de sarraceno y el almidón, revuelve ligeramente y añade la mezcla de psyllium, sal, aceite de oliva, levadura y agua. Trabaja todo el conjunto hasta que veas que se forma una masa compacta y con cuerpo.

Deja descansar la masa durante 15 minutos, cubierta con un paño para que no se forme corteza.

Pasado el tiempo de reposo, divide la masa en piezas de 200 g y forma bolas. Cuando las tengas listas, deja que reposen durante unos minutos, tapadas con un paño para que no se forme corteza.

A continuación, pon un poco de harina de arroz en la superficie de trabajo y, con un rodillo, estira las bolas de masa hasta que tengan un grosor de 1 cm. Pon las bases estiradas sobre papel de horno de la medida de la pizza.

Paralelamente, mezcla el tomate frito, el aceite de oliva y el orégano, y esparce una cantidad apropiada sobre las bases de pizza ya estiradas. Deja que fermenten en un lugar cálido y sin corrientes de aire (el horno apagado puede ser un buen lugar).

Una vez reposadas, enciende el horno para calentarlo bien y, cuando esté listo, a una temperatura de 230 °C, pon las bases de pizza directamente en la suela del horno con un papel de hornear.

Hornea durante unos 5 minutos y después pon las pizzas con una bandeja en la parte central del horno otros 6 minutos más.

PUEDES AÑADIR un poco de azúcar a la receta, unos 10 g, para que la masa tome un poco más de color.

Al igual que las otras pizzas, estas bases también son ideales para tener siempre de reserva en el congelador, siempre listas para terminarlas.

Minipizzas de espelta integral

Para 30 minibases de 30 gramos
500 g de harina de espelta integral
50 g de aceite de oliva virgen extra
10 g de sal
350 g de agua
6 g de levadura
tomate frito de primera calidad
aceite de oliva virgen extra
orégano

Pesa todos los ingredientes de la receta y mezcla el agua con la levadura y la sal. En un bol, añade esta mezcla y vierte la harina de espelta integral y el aceite de oliva.

Remueve con la mano (o con una espátula) hasta que se formen grumos no excesivamente grandes. Si ves que la masa queda muy dura, agrega un poco más de agua y vuelve a remover hasta que se integre por completo. Este proceso puede durar 1 o 2 minutos como máximo.

Cubre el bol con un paño y deja que la masa repose a temperatura ambiente durante 30 minutos.

Pasado el tiempo de reposo, vuelca la masa en la mesa de trabajo y hazle 2 pliegues siguiendo el sistema del reloj. Devuelve la masa al bol y deja que repose a temperatura ambiente 30 minutos.

Repite esta operación de 2 pliegues con el sistema del reloj y reposo de 30 minutos un máximo de 5 veces, o hasta que veas que la masa está bien fina.

Cuando acabes el amasado, divide en piezas de 30 g de masa y dales forma de bola. Después, deja que las bolas de masa reposen a temperatura ambiente 1 hora, cubiertas con un paño para que no se forme corteza.

Pasado este tiempo, coloca las bolas en un par de boles rectangulares ligeramente aceitados y con tapa, y déjalas en la nevera hasta el día siguiente.

Al día siguiente, pon un poco de sémola de trigo en la mesa de trabajo y, con un rodillo o con las manos, estira las bolas de masa para que tengan un grosor de 1 cm.

Pon las bases estiradas sobre papel de horno de la medida de la pizza. Mezcla el tomate frito, el aceite de oliva y el orégano, y esparce una cantidad apropiada sobre cada una.

Enciende el horno para calentarlo bien y, cuando esté listo, a una temperatura de 230 °C, pon las bases de pizza directamente en la suela del horno con un papel de hornear.

Hornea durante 6 minutos y después pon las pizzas con una bandeja en la parte central del horno otros 6 minutos más.

ESTAS MINIBASES DE PIZZA son la opción ideal para comer un poco más de fibra sin renunciar ni al sabor ni a la textura de una buena base de pizza.

También son ideales para congelar una vez frías. Haz pilas de 3 o 4 bases y envuélvelas bien con film transparente para ponerlas en el congelador. Cuando las quieras usar, tan solo deja que se descongelen a temperatura ambiente, rellénalas y hornéalas durante 9 o 10 minutos en el horno, con más potencia en la parte de arriba que en la de abajo.

COCAS DE PAN

La versión paniega de las actuales pizzas. A diferencia de sus hermanas italianas, las cocas de pan pueden consumirse frías, sin necesidad de calentarlas o de comerlas recién horneadas. Prueba diferentes combinaciones y déjate sorprender.

Coca base

Para 4 panes de coca de 250 gramos

300 g de harina panificable

200 g de harina de fuerza

10 g de sal

430 g de agua

25 g de aceite de oliva virgen extra

8 g de levadura

Pesa todos los ingredientes de la receta y mezcla el agua con la levadura y la sal. En un bol, añade esta mezcla y vierte las dos harinas junto con el aceite de oliva.

Remueve con la mano (o con una espátula de madera) hasta que se formen grumos no excesivamente grandes. Si ves que la masa queda muy dura, agrega un poco más de agua y continúa removiendo hasta que se integre bien. Este proceso puede llevarte 1 o 2 minutos como máximo.

Cubre el bol con un paño y deja reposar la masa a temperatura ambiente durante 30 minutos.

Pasado el tiempo de reposo, vuelca la masa en la mesa de trabajo y haz e 2 pliegues con el sistema del reloj. Vuelve a ponerla en el bol y deja que repose a temperatura ambiente 30 minutos.

Repite esta operación de 2 pliegues y reposo un máximo de 5 veces, o hasta que veas que la masa está bien fina.

Cuando acabes el amasado, deja la masa en la nevera, en un táper plano ligeramente aceitado, hasta el día siguiente. Es muy importante que la masa quede tapada o cubierta con un paño.

Al día siguiente, saca la masa de la nevera y vuélcala sobre tu superficie de trabajo bien enharinada, ya que estará bastante blanda y fermentada. Corta piezas rectangulares (da igual el peso) de la medida que prefieras. Al cortarlas, intenta desgasificar la masa lo menos posible; debes tratarla con mucho cuidado.

Pon las piezas sobre un trapo de cocina con bastante harina en la base y, con las manos, acaba de dar forma a las cocas, para que queden lo más rectangulares posible. Deja que fermenten durante 1 hora a temperatura ambiente.

Una vez listas y mientras precalientas el horno a 240 °C, pásalas a una bandeja de horno con papel de cocción, dejando separación entre ellas. Pinta las cocas con aceite de oliva virgen extra y, si lo deseas, esparce un poco de sal en láminas por encima.

Hornea a 240 °C sin vapor durante 14-16 minutos.

ESTE PAN DE COCA puede convertirse en una excelente base para elaborar unas pizzas diferentes o sencillamente ser la base para cualquier tostada de pan.

Queda muy bien si lo gratinas con queso rallado por encima.

Coca de pesto rojo, burrata y albahaca

Para 4 panes de coca de 250 gramos
300 g de harina panificable
200 g de harina de fuerza
10 g de sal
430 g de agua
25 g de aceite de oliva virgen extra
8 g de levadura
salsa de pesto rojo
tomate seco
burrata
hojas de albahaca fresca

Empieza pesando todos los ingredientes de la receta. Mezcla el agua con la levadura y la sal y, en un bol, añádela junto con las dos harinas y el aceite de oliva.

Remueve con la mano (o con una espátula de madera) hasta que se formen grumos no excesivamente grandes. Si ves que la masa queda muy dura, agrega un poco más de agua y vuelve a mezclar hasta que todos los ingredientes queden bien integrados. Este proceso puede durar un par de minutos.

Cubre el bol con un paño y deja que la masa repose a temperatura ambiente durante 30 minutos.

Pasado ese tiempo, vuelca la masa en la mesa de trabajo y hazle 2 pliegues con el sistema del reloj. Luego, devuélvela al bol y deja que repose a temperatura ambiente otros 30 minutos.

Repite esta operación de 2 pliegues y reposo un máximo de 5 veces, o hasta que veas que la masa está bien fina.

Cuando acabes el amasado, deja la masa en la nevera, en un táper plano ligeramente aceitado, hasta el día siguiente. La masa debe quedar tapada o cubierta con un paño.

Al día siguiente, saca la masa de la nevera y vuélcala sobre tu superficie de trabajo bien enharinada, ya que estará bastante blanda y fermentada. Después, corta piezas rectangulares (da igual el peso) de la medida que prefieras. Al hacerlo, intenta desgasificar la masa lo menos posible; debes tratarla con mucho cuidado.

Pon las piezas sobre un trapo de cocina con bastante harina en la base y, con las manos, acaba de dar forma a las cocas para que queden lo más rectangulares posible. Deja que fermenten durante 1 hora a temperatura ambiente.

Precaliente el horno a 240 °C. Mientras tanto, pasa las cocas a una bandeja de horno con papel de cocción, dejando separación entre ellas. Píntalas con aceite de oliva virgen extra y reparte una capa de salsa de pesto rojo por encima. A continuación, corta trozos de tomate seco y repártelos también sobre la coca.

Hornea a una temperatura de 240 °C sin vapor durante 18-20 minutos aproximadamente.

Cuando la coca esté fría, pon en el centro una bola de burrata y unas hojas de albahaca fresca.

ESTA BASE de pan de coca combina prácticamente con cualquier relleno, tanto dulce como salado, aunque también es un pan excelente si lo consumes solo con un poco de aceite de oliva y sal gorda.

Coca dulce con piñones y anís (coca de forner)

Para 4 panes de coca de 250 gramos
300 g de harina panificable
200 g de harina de fuerza
10 g de sal
430 g de agua
25 g de aceite de oliva virgen extra
8 g de levadura
piñones del país
azúcar
anís líquido

Pesa todos los ingredientes de la receta y mezcla el agua con la levadura y la sal. En un bol, vierte las dos harinas junto con el aceite de oliva y añade esta mezcla.

Remueve con la mano (o con una espátula de madera) hasta que se formen grumos no excesivamente grandes. Si ves que la masa queda muy dura, agrega un poco más de agua y continúa removiendo hasta que se integre bien. Este proceso puede durar 1 o 2 minutos como máximo.

Cubre el bol con un paño y deja que la masa repose a temperatura ambiente durante 30 minutos.

Pasado el tiempo de reposo, vuelca la masa en la mesa de trabajo y hazle 2 pliegues con el sistema del reloj. Devuélvela al bol y deja que repose a temperatura ambiente otros 30 minutos.

Repite esta operación de 2 pliegues y reposo un máximo de 5 veces, o hasta que veas que la masa está bien fina.

Cuando acabes el amasado, deja la masa en la nevera, en un táper plano ligeramente aceitado, hasta el día siguiente. La masa debe quedar tapada o cubierta con un paño.

Al día siguiente, saca la masa de la nevera y vuélcala sobre tu superficie de trabajo bien enharinada, ya que estará bastante blanda y fermentada. Después, corta piezas rectangulares (da igual el peso) de la medida que prefieras. Al cortarlas, intenta desgasificar la masa lo menos posible; debes tratarla con mucho cuidado.

Pon las piezas sobre un trapo de cocina con bastante harina en la base y, con las manos, acaba de dar forma a las cocas para que queden lo más rectangulares posible. Deja que fermenten durante 1 hora a temperatura ambiente.

Enciende el horno para calentarlo bien a 240 °C. Ahora pasa las cocas a una bandeja de horno con papel de cocción, dejando separación entre ellas.

Pinta las cocas con aceite de oliva virgen extra y reparte por encima unos piñones de los que tenías en remojo. A continuación, esparce también una fina capa de azúcar normal.

Hornea a una temperatura de 240 °C sin vapor durante 14-16 minutos aproximadamente.

Cuando saques las cocas del horno, y sin dejar que se enfríen, rocía un buen chorro de anís bien repartido.

PUEDES HACER una versión más crujiente si estiras más la masa justo cuando la pones en la lata de hornear. Al quedar una masa fina, va a resultar una coca bien caramelizada y con un sabor y una textura extraordinarios. ¡Pruébalo!

Pan de coca relleno de 4 quesos

Para 4 panes de coca de 250 gramos
300 g de harina panificable
200 g de harina de fuerza
10 g de sal
430 g de agua
25 g de aceite de oliva virgen extra
8 g de levadura
queso emmental rallado
queso mozzarella
queso brie
queso crema

Antes de empezar a amasar, mezcla los 4 quesos en un bol hasta que quede una masa homogénea. Estos quesos servirán de relleno para este pan de coca tan especial y exquisito.

Para elaborar la masa, pesa todos los ingredientes y mezcla el agua con la levadura y la sal. En un bol, vierte las dos harinas junto con el aceite de oliva y añade esta mezcla.

Remueve con la mano (o con una espátula) hasta que se formen grumos. Si ves que la masa queda muy dura, agrega un poco más de agua y vuelve a remover hasta que se integre bien.

Cubre el bol con un paño y deja reposar a temperatura ambiente durante 30 minutos.

Pasado ese tiempo, vuelca la masa en la mesa de trabajo y hazle 2 pliegues con el sistema del reloj. Vuelve a ponerla en el bol y deja que repose otros 30 minutos.

Repite este proceso de 2 pliegues y reposo un máximo de 5 veces, o hasta que veas que la masa está bien fina.

Cuando acabes el amasado, deja la masa en la nevera, en un táper plano ligeramente aceitado, hasta el día siguiente. Es importante que la masa quede tapada o cubierta con un paño.

Al día siguiente, saca la masa de la nevera y vuélcala sobre tu superficie de trabajo bien enharinada, ya que estará bastante blanda y fermentada. Corta piezas rectangulares (da igual el peso) de la medida que prefieras. Al cortarlas, intenta desgasificar la masa lo menos posible; debes tratarla con mucho cuidado.

Pon las piezas sobre un trapo de cocina con bastante harina en la base y, con las manos, acaba de dar forma a las cocas para que queden lo más rectangulares posible.

Tras unos 20 minutos, pasa una de las cocas a una lata con papel de hornear y pon la mezcla de los 4 quesos, sin que los bordes toquen el relleno de quesos. Pinta con un poco de agua esos bordes y pon sobre esa primera base otra a modo de tapa. Luego, sella apretando los bordes con los dedos para asegurar que no se «escapa» el relleno durante el horneado. Haz lo mismo con el resto de las cocas que quieras rellenar.

Deja que fermenten durante 1 hora aproximadamente a temperatura ambiente.

Una vez reposadas, pinta las cocas con un poco de aceite de oliva virgen extra y, si lo deseas, esparce un poco de queso rallado para gratinar por encima.

Hornea a una temperatura de 240 °C sin vapor durante 14-16 minutos.

ESTE SISTEMA DE RELLENO también funciona muy bien con piezas redondas. Si las rellenas a modo de empanada, quedan muy vistosas y facilita el corte de piezas más o menos iguales.

Índice de recetas

Panes a la plancha

Minipanes

Panes (un poco) dulces

Panes rellenos

Panes hojaldrados

Bases de pizza

Cocas de pan

Índice de ingredientes